社会科授業サポートBOOKS

小学校社会科
「重点単元」
授業モデル

北 俊夫 編著

明治図書

● まえがき ●

　平成29年3月に改訂された学習指導要領は，小学校において平成32年度（2020年度）から完全実施されます。まだ先のように思われがちですが，今回の改訂では，各教科において学習指導要領における指導内容の示し方については大きく変わったものの，一部の教科を除いて教育内容の面ではそれほど大きな変更は見られません。

　このことは，平成29年7月に告示された移行措置についての内容からも明らかです。今回の移行措置はできるだけ新学習指導要領の趣旨を踏まえた取り組みを促進することにあります。各教科等の要であるとされている総則は，平成30年度から新学習指導要領に移行するとしています。

　教科においても，例えば，生活科や音楽科，図画工作科，家庭科，体育科は，平成30年度から一部又は全てを新学習指導要領の規定で実施することができます。子どもたちが手にする教科書は，平成31年度に使用される教科書までこれまでの学習指導要領にもとづいて編集されています。にもかかわらず，新学習指導要領に移行できるとしているのです。

　社会科においても，一部特例措置はありますが，平成30年度から一部又は全てにおいて新学習指導要領によることができます。

　今回の改訂の特色は，「見方・考え方」を働かせることや「主体的・対話的で深い学び」を実現すること，カリキュラム・マネジメントを推進することなど，指導内容を大きく変更させるというよりも，指導体制や指導方法を改善充実させることにあります。これらの課題は完全実施を待つことなく，いまからでも実践に移していくことが可能です。

　このように見てくると，平成32年度の完全実施まではまだ時間があると受けとめることは禁物です。新学習指導要領に対する理解を早急に進め，授業の体制を整えることが求められます。このことは社会科においても例外ではありません。

　ただ，社会科は社会を対象にしていますから，社会の変化に応じて内容や

教材を変える必要があります。全てがこれまでと同じでよいというわけにはいきません。今回も社会の変化に応じて，防災教育，伝統文化教育，情報教育，持続発展教育，主権者教育などの観点から，これまでの指導内容が一部変更されたり，順序が変わったりしています。新たに追加された内容や事項もあります。指導の学年が明確にされたものもあります。

　本書『小学校社会科「重点単元」授業モデル』は，こうした学校教育をめぐる状況と社会科固有の課題を踏まえて取りまとめられたものです。

　１章では，社会科の趣旨と授業改善の新しい視点を理解するために，学習指導要領を読み解くための25の課題をＱ＆Ａの形式で解説しました。

　２章では，各学年の重点単元を22か所抽出して，研究授業を実施することを想定して，小単元の指導計画や本時の学習指導案を紹介しています。ここでは，板書計画を示すなどすぐに使えるように工夫されています。各テーマの執筆は，現在実際に指導に当たっている社会科の優れた実践家やそうした先生方を指導されている方々にお願いいたしました。

　本書を活用することにより，新学習指導要領に対する理解が一層深まり，わが国の社会科授業が一層充実することを心から願っています。そして，何よりも子どもたちが社会科の学習を好きになり，社会を深く理解し，よりよい社会の形成者として成長していくことを期待しています。

　最後に，たいへんご多用な中をご執筆いただいた先生方にこの場を借りて感謝とお礼を申し上げます。合わせて，今回の企画にご協力とご助言をいただき，編集の労をとっていただいた明治図書出版の及川　誠氏にお礼申し上げます。

　　　平成30年３月

　　　　　　　　　　　　　　　　　　　　　　編著者　　北　　俊夫

まえがき

contents

1 社会科・授業研究の新しい視点
25のQ&Aで課題を読み解く

総論
- Q1 単元の目標をどのように設定したらよいか ……… 8
- Q2 「社会的な見方・考え方」を授業でどのように扱うか ……… 9
- Q3 「主体的・対話的で深い学び」をどのように実現するか ……… 10
- Q4 「カリキュラム・マネジメント」をどう進めればよいか ……… 11
- Q5 授業時間の不足をどのように解決すればよいか ……… 12

3年
- Q6 「市の様子」に重点を置くのはどうしてか ……… 13
- Q7 生産の仕事と販売の仕事の取り上げ方の違いは何か ……… 14
- Q8 商店の学習で「売り上げ」をどのように扱えばよいか ……… 15
- Q9 消防署と警察署の取り上げ方をどう工夫したらよいか ……… 16
- Q10 市の移り変わりを調べさせるポイントは何か ……… 17

4年
- Q11 県の地理的環境の概要が冒頭に位置づいているのはどうしてか ……… 18
- Q12 飲料水と下水の両方を取り上げてもよいか ……… 19
- Q13 自然災害を取り上げるときのポイントは何か ……… 20
- Q14 文化財や年中行事を取り上げるポイントは何か ……… 21
- Q15 国際交流に取り組んでいる地域をどのように取り上げるか ……… 22

5年
- Q16 わが国の領土はどの程度扱うか ……… 23
- Q17 食料生産や工業生産で歴史的視点をどう取り上げるか ……… 24
- Q18 工業生産に「貿易や運輸」をどう位置づければよいか ……… 25
- Q19 情報を生かした産業を取り上げるポイントは何か ……… 26
- Q20 5年の自然災害の学習は4年とどのように違うか ……… 27

6年

- **Q21** 政治の学習と歴史の学習が入れ替わったのはなぜか ……… 28
- **Q22** 政治に関する内容の順序が変わったのはどうしてか ……… 29
- **Q23** 歴史学習で外国との関わりをどう扱うか ……… 30
- **Q24** 「歴史を学ぶ意味を考える」とはどういうことか ……… 31
- **Q25** つながりのある国の学習で「国際交流」をどのように扱うか ……… 32

2 社会科「重点単元」授業モデル
重要単元22のアイデア紹介

社会科「重点単元」授業モデルの使い方
第2章では，下記のような項目で，授業づくりのヒントを紹介しています。
①小単元の目標 ②指導のアイデア ③知識の構造図 ④指導計画 ⑤本時の学習指導案

3年

1 市の様子
「市の様子」に重点を置いた指導 ……… 34

2 スーパーマーケットではたらく人
「売り上げ」の工夫を調べる販売の工夫 ……… 40

3 火災を防ぐ
「消防署の働き」―緊急対応に重点を置いた指導 ……… 46

4 事故を防ぐ
「警察署の働き」―予防に重点を置いた指導 ……… 52

5 市の様子の移り変わり
「市を対象にした移り変わり」の指導 ……… 58

4年

6 県の様子
「県の地理的環境の概要」を捉えさせる指導 ……… 64

7 地震から人々を守る活動
「地震・津波」を取り上げた自然災害の指導 ……… 70

8 土砂くずれから人々を守る活動
「土砂くずれ」を取り上げた自然災害の指導 ……… 76

4年

9 白壁土蔵群を受けつぐ人たち
「文化財・年中行事」を取り上げた指導 …… 82

10 国際交流を進めている大田区
「国際交流を進めている地域」を取り上げた指導 …… 88

5年

11 世界の中の国土
「国土の領土」に関する指導 …… 94

12 稲作の盛んな地域
「歴史の視点」を位置づけた食料生産の指導 …… 100

13 自動車をつくる工業
「歴史の視点」を位置づけた工業生産の指導 …… 106

14 工業生産に関わる人たち
「貿易や運輸」を位置づけた工業生産の指導 …… 112

15 情報を生かした販売業
「情報を生かした産業」を取り上げた指導 …… 118

16 自然災害を防ぐ
「国土の自然災害」を取り上げた指導 …… 124

6年

17 日本国憲法
「日本国憲法」を政治学習の導入で扱った指導 …… 130

18 武士の世の中へ
「世界との関わり」を位置づけた歴史の指導① …… 136

19 戦国の世
「世界との関わり」を位置づけた歴史の指導② …… 142

20 明治維新
「世界との関わり」を位置づけた歴史の指導③ …… 148

21 歴史を学んで
「歴史を学ぶ意味」を考えさせる指導 …… 154

22 わが国とつながりのある国のくらし
「国際交流」を取り上げた指導 …… 160

1. 社会科・授業研究の新しい視点

25のQ&Aで課題を読み解く

　学習指導要領が改訂されると，どうしてもどこが変わったのか，これからの指導方法をどう変えるかに関心が向きがちです。しかし，改訂の背景や趣旨や意図を明確にしないままに，方法論だけを重視すると，指導方法が目的化されたり，画一化した方法になったりする心配があります。本章は「原則を明確にすることによって，方法を多様に工夫することができる」との考え方に立って構成されたものです。

　ここでは，新学習指導要領に関連して，社会科全体に関わる質問，各学年に関わる質問を合計25の課題として抽出しました。各学年の質問は変更された内容やその取扱いに焦点を当てて設定しています。質問はこれまですでに出されている様々な疑問や指摘を参考にし，今後予想される実践上の課題を想定して設定しました。それぞれの質問に対して具体的かつ分かりやすく解説し，実践に結びつけています。

　これからの社会科授業の質を向上させるためには，どのように変わったのかとともに，なぜ変わったのかを理解することが重要です。これは，どのように指導するのかを考える基盤であり，授業改善につながる基本的な考え方です。

　なお，ここでは，公表されている学習指導要領の『解説』の内容を繰り返し論述することは極力避けています。『解説』の内容と合わせて参考にしていただきたいと思います。

総論 Q1. 単元の目標をどのように設定したらよいか

A. 学年目標と当該の内容を踏まえ，3つの要素から設定する

　社会科の教科目標や各学年の「目標」は，それぞれ3つの項目から示されています。(1)は理解（知識）に関する事項，(2)は思考力，判断力，表現力に関する事項，そして，(3)は態度や心情に関する事項です。単元や小単元の目標は基本的にこれら3つの要素から設定します。

　各学年の「内容」には，知識や技能，思考力，判断力，表現力などの能力を身につけるための活動が示されていますから，それらの内容を踏まえて目標を具体的に設定します。態度や心情に関する事項は方向目標としての性格をもっているため，学習指導要領の各内容には具体的な記述がありませんが，指導目標には位置づける必要があります。

　なお，目標を構成する要素と評価の観点とは一体の関係にありますから，「知識・技能」「思考・判断・表現」，それに「主体的に学習に取り組む態度」の各観点から評価します。地域社会の一員としての自覚など心情に関わる事項は，観点別評価で評定することがなじみませんから，子ども一人一人のよい点や可能性，進歩の状況などを見取る個人内評価で行います。

A. 単元（小単元）の目標設定例

　3年の小単元「スーパーマーケットではたらく人」を例にすると，次のような目標を設定します。

(1) 販売の仕事について，スーパーマーケットで働く人は消費者の多様な願いを踏まえ売り上げを高めるために様々な工夫をしていることを理解するとともに，見学・調査したり白地図にまとめたりする技能を身につける。
(2) 消費者や販売の仕方，他地域や外国との関わりに関する知識をもとに，仕事に見られる工夫を考え，結果を図表や白地図にまとめる。
(3) 意欲的に問題解決に取り組み，地域社会の一員としての自覚をもつようになる。

総論 Q2. 「社会的な見方・考え方」を授業でどのように扱うか

A. 「社会的な見方・考え方」とは何か

「社会的な見方・考え方」についてはこれまでも社会科で話題になってきましたから、まったく新しい課題ではありません。しかし、ここで改めて「社会的な見方・考え方」とは何かを確認しておく必要があります。

「社会的な見方・考え方」とは社会や社会的事象を追究する際の「視点や方法」とされています。視点とは社会や社会的事象を見る目のことです。具体的には、位置や空間的な広がりに着目する地理的な視点、時期や時間の経過に着目する歴史的な視点、それに事象や人々の相互関係に着目する社会システムの視点の３つです。また、追究の方法とは、例えば、比較する、分類・整理する、関連づける、まとめるなど、事象や事実などを処理したり操作したりする手続きや手順をいいます。これらの視点や方法を駆使しながら学習を深めていくことにより、社会的事象の意味や働きなどを理解し、社会に対する認識を深めることができるようになります。

なお、小学校では「社会的事象の見方・考え方」と言い換えられていますが、意味していることは同じです。

A. 学び方の一つとして指導する

「見方・考え方」は社会を追究していくときに発揮される道具です。そのため、教師は単元の目標や内容を身につけるためにどのような見方・考え方を働かせたいのかを明らかにする必要があります。そのうえで、学習のどこでどのような見方・考え方を働かせるのかを計画します。

それぞれの場では、例えば、「この事象はどこでのことだろうか」と位置を地図で確認したり、「いつのことだろうか」と事象の時期を押さえたりします。また「○○と△△を比べて、違いと共通点を見つけてみよう」と、事象の処理の仕方を助言したりします。ここでのポイントは、「見方・考え方」を学び方の１つとして意図的、計画的に指導・助言することです。

総論 Q3. 「主体的・対話的で深い学び」をどのように実現するか

A. 主体的・対話的な学びは指導方法

　主体的な学びと対話的な学びと深い学びの3つがアクティブ・ラーニングの視点と言われてきました。ここに示されている3つの学びは並列したものではなく，子ども一人一人の学びを深まりのあるものにすることにねらいがあります。そのための指導方法として，主体的な学びと対話的な学びが位置づいています。学習活動をアクティブにするといった見た目ではなく，子どもたちの頭や心の中がアクティブになっていくことが重要です。

　主体的な学びとは一人一人が目的意識をもって意欲的に問題解決し，社会に対する理解や認識を深めていくことですから，社会科においては従来から展開されてきた問題解決的な学習をさらに充実させることです。また，対話的な学びとは単なる対話的な活動で終わらせず，友だちと協力しながら学び合い活動を充実させることです。例えば討論する，議論するといった話し合う活動を取り入れます。学び合いは学校ならではの学習スタイルです。

A. 様々な「関わり」を重視する

　社会科において「主体的・対話的で深い学び」を実現するポイントは「関わり」を重視することにあります。

　まず教材との関わりです。社会科の学習に主体的に取り組み，社会に対する理解を深めることです。次は自分との関わりです。社会的事象を自分ごととして捉え，学習成果を自らの生活改善に生かしたり，社会に還元したりすることです。さらに，友だちとの関わりです。これは違いを認め合い，支え合い，高め合っていくことです。ここで身につく資質や能力は社会人として成長していくために必要なものです。そして，地域の様々な人たちや施設，団体などと関わりながら学びを深めていくことです。

　このように，様々な視点から社会や社会的事象と主体的に関わり，対話的，協働的な学びを通して学習が深まりのあるものになっていきます。

総論 Q4.「カリキュラム・マネジメント」をどう進めればよいか

A. 横断的・関連的な指導計画を作成する

これまでの社会科の指導計画は，当該の単元（小単元）や内容のみを意識して作成されてきた傾向があります。学習指導要領では，「3つの柱」から構成される資質・能力を身につけることが強調されています。そのために重視されている課題がカリキュラム・マネジメントです。これは，授業の質を向上させ，社会科で求められている資質・能力を身につけることに留まりません。生きる力につながる学力を総合的に形成するためです。

これからの指導計画の作成に当たっては，次のような視点からその充実を図り，横断的・関連的な指導を展開させます。

・社会科でこれまでの学習で取り上げた内容や教材，これから取り上げられる内容や教材との関連を図ること。（社会科の教科内関連）
・防災教育や伝統文化教育，食育，情報教育など教科横断的な教育課題を取り上げるときには，他教科等での指導内容や教材との関連を図ること。（他教科との関連）
・当該の指導内容や教材が中学校での指導内容にどのように発展していくのかを明らかにすること。（中学校との関連）

これらのことは，いずれも指導のネットワークを拡大し一層の充実を図ることであり，子どもが学びのネットワークをつくることです。

A. 地域とのネットワークをつくる

社会科においては地域とのネットワークを充実させます。子どもにとって地域には「もう一つの教科書」があり，「もう一つの先生」がいます。地域の素材や人材，施設など，地域の様々な教育資源とのネットワークを充実させることはカリキュラムをマネジメントする重要な視点です。

地域とのネットワークを重視することは，授業の質を高めるだけでなく，地域社会の担い手を育てるためにも重要になります。

Q5. 授業時間の不足をどのように解決すればよいか

A. 学習活動にメリハリをつける

　社会科においては，問題解決的な学習の充実が求められています。知識の伝達型の授業と比べて，子ども自身が知識を獲得し，問題解決能力を身につけることができるところに最大の利点があるからです。しかし，このような授業スタイルは知識伝達型の授業と比べて指導時間が格段にかかります。全ての単元（小単元）を問題解決的な学習で展開すると，予定されている指導内容が年度内に終わらなくなり，これでは子どもたちに迷惑をかけてしまうことになります。

　年間を見通して，問題解決的な学習活動を展開する単元，作業的な学習活動を取り入れる単元，討論活動を中心に据えた単元，見学や観察などの学習活動を重視した単元，ＤＶＤなどの視聴覚教材を活用した単元など，単元によって学習活動にメリハリをつけることが考えられます。もちろん，時間に余裕があれば，複数の扱い方を組み合わせることもできます。

A. 教材の精選・重点化を徹底する

　これまでも，教材や事例（地）などを取り上げる際に，網羅的な扱いにならないようにしてきました。例えば工業の盛んな地域を調べる際には，いくつかの事例地の中から選択して取り上げるようになっています。

　時間数の軽減を図るためには，このほかにも教材を精選したり重点化したりすることができます。具体的には，調べる社会的事象を限定したり軽重をつけたり，さらに調べる資料の数を制限したりすることです。あれもこれも取り上げていくと，指導時間が際限なく必要になってきます。

　「１つを学んで，10が分かる」というフレーズがあります。これは網羅的な扱いを戒め，応用力や転移力を発揮させて学ばせることの大切さを述べたものです。前小単元で獲得した知識や見方などを活用しながら，次の小単元を展開していくと，指導時間の節約が期待できます。

Q6. 「市の様子」に重点を置くのはどうしてか

A. 「市の様子」に関する学習のねらいは何か

　学習指導要領では，内容の(1)「市の様子」を３年の冒頭で扱い，身近な地域（学校の周り）の様子と比べて重点を置くよう示されています。

　「市の様子」は主として地理的環境について学ぶものです。このあとに，生産や販売の仕事，地域の安全を守る働きを学びます。これらは社会の仕組みや働きを学ぶものです。さらに，市の様子を歴史的な視点から学ぶようになっています。３年で取り上げられる内容の構成を見ると，「市の様子」の学習は３年の社会科のオリエンテーションとしての役割があることに気づきます。すなわち，地形や土地利用，交通の広がり，公共施設の場所と働きなどに着目して市の概要を捉え，その後，生産や販売の仕事，消防署や警察署の働きを学習していく構造になっています。

　市の様子をまず概観して，その後，市内における具体的な事例を学ぶという，「面から点へ」という学習の手順を重視しているものです。

A. 社会を見る視点に気づかせる

　「社会的な見方・考え方」とは，追究の視点や方法のことであると先に述べました。本単元は地形や土地利用，交通などに着目して調べますから，主として地理的環境に関わる内容といえます。ところが，調べる対象に市役所など主な公共施設の場所と働きがあります。これは社会の仕組みや働きの視点から社会を捉えることです。古くから残る建造物の分布に着目することは市の様子を歴史的な視点から捉えることです。

　このように，本単元の学習は，社会的事象を調べるとき，地理的な視点だけでなく，歴史的，社会システム的な視点（社会を見る目）を合わせてもつことにより，市の様子を多角的に捉えることができるようになるという，地域に対する見方・考え方に気づかせる役割もあります。子どもに着目させる社会的事象と追究の視点との関連を明確にすることがポイントです。

Q7. 生産の仕事と販売の仕事の取り上げ方の違いは何か

3年

A. ポイントは学習指導要領の読み取りに

　生産の仕事と販売の仕事の取り上げ方の違いは，学習指導要領の内容を読み取ることによって明確になります。学習指導要領には次のように示されています。

ア　次のような知識及び技能を身に付けること。
　(ｱ)　生産の仕事は，地域の人々の生活と密接な関わりをもって行われていることを理解すること。
　(ｲ)　販売の仕事は，消費者の多様な願いを踏まえ売り上げを高めるよう，工夫して行われていることを理解すること。
　(ｳ)　見学・調査したり地図などの資料で調べたりして，白地図などにまとめること。
イ　次のような思考力，判断力，表現力等を身に付けること。
　(ｱ)　仕事の種類や産地の分布，仕事の工程などに着目して，生産に携わっている人々の仕事の様子を捉え，地域の人々の生活との関連を考え，表現すること。
　(ｲ)　消費者の願い，販売の仕方，他地域や外国との関わりなどに着目して，販売に携わっている人々の仕事の様子を捉え，それらの仕事に見られる工夫を考え，表現すること。

　生産の仕事に関する学習はアの(ｱ)及び(ｳ)とイの(ｱ)を，販売の仕事に関する学習はアの(ｲ)及び(ｳ)とイの(ｲ)を，それぞれ関連づけて指導計画を作成します。生産の仕事の学習と販売の仕事の学習は，着目させる事象やそれらをもとに考えさせる内容がそれぞれ違っていることが分かります。
　調べ方やまとめ方については，生産（工場や農家など）の仕事と販売の仕事の両者に共通しています。

Q8. 商店の学習で「売り上げ」をどのように扱えばよいか

A. なぜ「売り上げ」なのか

　これまでの多くの実践では「多くのお客さんに来てもらえるようにどのようなくふうをしているのだろうか」とか「お客さんが買い物をしやすくするためにどのようなくふうをしているのでしょうか」といった学習問題を設定して調べることが一般的でした。消費者の多様な願いを踏まえることは，商店の売り上げを上げるために行われていることであり，商店を営んでいる経営者の基本的な方針でもあります。

　また「売り上げ」という経済的な用語が使われているのは，お金や金融に対する関心や基礎的な知識を身につけるというねらいもあります。これまでともすると，儲けるとか売り上げを高めるなどの言い方を避けてきた傾向があります。これからは社会の現実により近づけた扱い方が求められます。

A. どこに目をつけるとよいか

　まずは，品物の価格の付け方に注目させます。具体的には，売り場の品物に付けられた値札や広告に示されている値段に注目させます。例えば○○8円，○8円など1の位に8の数字が使われていることが多いようです。安さをアピールし，消費行動を促すのでしょうか。また，特に魚などの生鮮食料や惣菜，弁当などは夕刻を過ぎると，値段を安くするなど，価格が変動します。価格の付け方に注目すると，少しでも多く売りさばき，売り上げを高めようとする販売者の願いが伝わってきます。

　また，売り上げを高めることにつながる工夫にも注目させます。商店が行っている工夫を羅列させるだけで終わらせず，その意味を考えさせます。例えば駐車場の整備を取り上げたとき，単に「車で来る人のために駐車場があります」で終わらせず，駐車場をつくることがどうして売り上げを高めることにつながるのかを考えさせます。一見関係が無さそうに見えることでも売り上げを高めることに結びついていることに気づかせます。

Q9. 消防署と警察署の取り上げ方をどう工夫したらよいか

A. 事例は違うが、ゴールは同じ

　ここでは、地域の安全を守る働きについて、消防署や警察署などの関係機関を取り上げるようになっています。消防署では主に火災を取り上げ、警察署では主に交通事故や盗難などの事故を取り上げることになります。学習の対象になる関係機関によって取り上げる事例が違ってきます。それを通して学び取らせる学習内容はいずれにおいても次の2つの事項です。
・地域の安全を守るために、相互に連携して緊急時に対処する体制をとっていること。これは緊急時の対応です。
・関係機関が地域の人々と協力して火災や事故などの防止に努めていること。これは予防対策です。
　このように、事例は違っていても、学習のゴール（緊急時の対応と予防対策）は同じであることに留意する必要があります。

A. 消防署と警察署の重点の置き方の例

　消防署と警察署を取り上げたときに習得させる学習内容（ゴール）が同じであることから、上記した緊急時の対応と予防対策の2つの事項はいずれも扱うものの、いずれかを重点的に扱うことができるようになっています。
　重点の置き方には、例えば、火災を取り上げた学習で緊急時の対応に重点を置き、事故を取り上げた学習で予防対策に重点を置いて指導することが考えられます。この逆の扱いもあります。
　火災と事故のいずれを取り上げる際にも、施設・設備などの配置、緊急時への備えや対応などに着目して調べさせることや従事している人々の働きを考えさせることは共通しています。どちらかに重点を置くとは、一方を選択することではありません。指導時間や資料の数などに軽重をつけて指導することです。こうした取扱いができるようになっているのは指導時間の軽減を図るためでもあります。

Q10. 市の移り変わりを調べさせるポイントは何か

3年

A. 市の移り変わりを調べる視点や軸を決定する

　市の移り変わりを調べる際には，交通，公共施設，土地利用，人口，生活の道具などに着目して，時期による違いを調べ，変化を考えさせます。

　ここでは，次のような取り上げ方が考えられます。まず，調べる時期を決めます。例えば，100年前，50年前，そして今，あるいはお祖父さんが生まれたころ，お父さんが生まれたころ，私が生まれたころの3つの時期をまず押さえ，それぞれの時期の交通の様子，公共施設の建設状況，土地利用の様子，人口などを調べさせます。そのうえで，それぞれの時期の社会や生活の様子を捉え，次に各時期の様子を結びつけて変化を考えさせます。

　次の方法は，交通，公共施設，土地利用，人口，生活の道具ごとに移り変わりを調べさせます。グループごとに分担して調べ，合体する方法もありますが，理解に違いや開きが生じないように配慮する必要があります。

　このように，時期を決めて，複数の事象に着目してそれぞれの時期の様子を調べる方法をとるのか。あるいは，事例ごとに移り変わりを調べさせるかを決定します。

A. 調べたことを年表に整理する

　いずれの方法をとった場合にも，調べたことを年表に整理します。交通，公共施設，土地利用，人口などの変化を年表に整理することによって，市全体がどのように変化してきたのか。人々の生活はどのように変化したきたのかを考えます。年表を作成する際には，時期の区分について年表に平成，昭和，大正，明治などの元号を位置づけ，時間軸を明確にします。

　ここでは特に人口に着目して，都市化，少子高齢化，国際化など社会の変化に気づかせるようにします。そのうえで，持続可能な地域の担い手を育てる観点から，地域に見られる課題にも着目させ，これからの市の発展やあり方を考えさせるようにします。

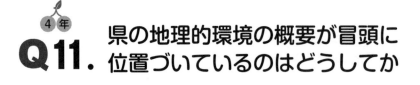
Q11. 県の地理的環境の概要が冒頭に位置づいているのはどうしてか

A. 4年の学習対象は都道府県

　これまでの学習指導要領には，自分たちの住んでいる県の様子についての内容が中学年の最後に示されていました。学習指導要領に示されている順序は学習の順序を示していませんが，ほとんどの学校では，県についての学習を4年の最後に位置づけてきました。そのため，1学期からの飲料水の確保や廃棄物の処理，災害や事故の防止などに関する学習が身近な地域を対象に実践される傾向が見られました。

　その結果，子どもの視野が県全体に広がらず，県に対する理解も十分深まりませんでした。また，5年になると，国土全体が学習の対象になりますから，学習に困難さを感じ，つまずく子どもが多くなるという指摘も出されてきました。

　県の地理的環境の概要に関する内容が4年の冒頭に位置づけられたのは，4年の学習の範囲や対象を明確にし，自分たちが住んでいる県に対する理解を深めさせるというねらいがあります。

A. 県を概観して具体的な事象を学ぶ

　県の学習では，県の位置をはじめ県全体の地形や主な産業の分布，交通網や主な都市の位置などに着目して資料などで調べ，白地図にまとめる作業が行われます。県を概観する学習には，県の地理的環境の概要を理解するとともに，その後飲料水の確保や廃棄物の処理，自然災害から人々を守る活動，県内の伝統や文化，先人の働き，特色ある地域の様子といった具体的な事象を学習していくための，オリエンテーションとしての役割があります。

　このように，県に対する理解を深め，関心を高めるために，まず県全体を概観し，それを踏まえて具体的な事象を学んでいきます。3年の冒頭に市の様子についての学習が位置づけられているのと同様な趣旨です。「概観して事例（具体）を」という手法は対象に対する見方・考え方の一つです。

Q12. 飲料水と下水の両方を取り上げてもよいか

A. ねらいを明確にし，指導時間を生み出す

　ここでは，飲料水，電気，ガスの中から一つを選択し，ごみ，下水のいずれかを選択することができますから，飲料水と下水の両方を取り上げることは可能です。ただ，下水を取り上げるとごみに関しては未習になります。ごみと下水の両方を取り上げるときには指導時間の確保が課題になります。

　飲料水と下水の両方を取り上げるときには，それぞれ指導のねらいに違いがあることを確認しておきます。飲料水の確保を事例にした学習では，安全で安定的に供給していることや地域の人々の健康な生活の維持と向上に役立っていることを理解させます。一方，ごみや下水の処理を事例にした学習では，衛生的な処理や資源の有効利用を進めていること，生活環境の維持と向上に役立っていることを理解させます。事例によって理解させる内容が違っていることを押さえておく必要があります。

　飲料水と下水の両方を取り上げるときには，「水」を軸教材に1本筋を通すことができます。この場合，例えば「飲み水の確保」と「使った水のゆくえ」の2つの小単元から構成し，それぞれに指導目標を設定します。

A. 水を軸に循環型社会の理解につなげる

　環境問題を地球的な視点から考えることが求められています。飲料水の確保と下水の処理を関連づけて扱うことによって，山などに降った雨は川を流れたり地下にしみ込んだりしていること，これを浄水場などで安全な飲み水にし，私たちが利用していることを学ぶことができます。さらに，使った水は綺麗に処理されて，一部は再利用されたり，川や海に流されたりしていること，水分として蒸発されたものが雲を形成し，山や都市などに雨を降らせていることを学ぶことができます。

　飲料水と下水を関連づけて扱うことにより，水を軸にして，循環型社会の具体的な姿を考えさせるための恰好の教材になります。

Q13. 自然災害を取り上げるときのポイントは何か

A. 自然災害の事例を県内から選定する

　これまでの災害についての学習では，火災，風水害，地震などの中から選択するようになっていました。多くの学校では主に人災で起こる火災を取り上げてきました。そのため，天災についての学習が欠落していました。学習指導要領では，防災教育を充実させるため，火災は3年で扱い，自然災害は4年で扱うように棲み分けされました。

　自然災害には，地震災害，津波災害，風水害，火山災害，雪害などがあります。風水害には，豪雨，洪水，崖崩れや土石流などの土砂災害，突風や竜巻などがあります。これらの中から選択して取り上げます。4年での学習ですから身近な地域にかぎりません。広く県を対象に，過去に県内で発生した自然災害を選定することになります。

A. 事例選定に当たっての留意点

　自然災害の選定や実際の指導に当たっては，次の事項に配慮します。

　1つは，自然災害そのものの現象や恐ろしさだけでなく，県庁や市役所などの関係機関や人々の協力活動を中心に調べることです。ここでは，災害発生時の具体的な対処方法とともに，未然の防止対策を取り上げます。

　2つは，自衛隊など国の機関との関わりを取り上げるようになっていることです。このことから，災害の規模が大きく，甚大な被害が発生した災害を選定することになります。近年では，東日本の太平洋沿岸や熊本での大震災，北海道十勝平野や九州北部での豪雨災害，広島市や東京の伊豆大島での土砂災害，御嶽山の火山噴火など，枚挙にいとまがありません。

　3つは，被災した地域を取り上げる際に，被災者など関係者の了解を得たうえで教材開発したり，写真などの資料を活用したりするなど，個人のプライバシーや心情に十分配慮することです。

Q14. 文化財や年中行事を取り上げるポイントは何か
（4年）

A. 県内の文化財や年中行事を概観して事例を選定

　地域の人々が受け継いできた文化財や年中行事は，これまで市内など身近な地域から事例を取り上げてきました。4年に移行したことにより，事例を広く県内から選択することになります。そのため，子どもたちが関心をもちづらくなることもあり，次のような指導が求められます。

　まず，写真などを示しながら，県内にはどのような文化財や年中行事があるのかを確認させます。文化財には建造物や遺跡など有形のものと民俗芸能など無形のものがあります。年中行事には祭りのほか，万歳や神楽などがありますが，これらの中には無形文化財に登録されているものもあります。

　次に，主な文化財や年中行事が引き継がれている場所を県の地図で確認したり，白地図に位置づけたりします。概観することにより，県内の各地に様々な文化財や年中行事が根づいていることに気づきます。

　そして，それらの中から具体的事例を選択し，歴史的背景や現在に至る経過，保存や継承のための取り組みを資料を活用したり聞き取り調査したりして具体的に調べさせます。

A. 主眼は人々の願いを考えさせること

　指導に当たっては，文化財や年中行事を保護・継承している人々の願いを考えさせることがポイントです。そのためには，教師が文化財などに込められた願いの内容を押さえておく必要があります。

　人々の願いには，例えば，五穀豊穣といった生産への願いと感謝，人々の幸福と生活の向上，崇高なものや自然に対する畏敬の念，地域の発展や活性化などが考えられます。人々の願いといった心の中の思いを理解させることは，単に言葉だけでは伝わりにくいものです。できれば文化財や年中行事に触れ，保護・継承に直接携わっている人から話を聞くことにより，心情理解が深まります。本教材は伝統文化教育の一環として位置づけられます。

Q15. 国際交流に取り組んでいる地域をどのように取り上げるか

4年

A. 県内の特色ある地域の一つ

県内の特色ある地域については，次の視点から3つを選定します。
・伝統的な技術を生かした地場産業が盛んな地域
・国際交流に取り組んでいる地域
・地域の資源（自然環境又は伝統的な文化）を保護・活用している地域

ここには，特色ある事例地の学習を通して，いずれにおいても特色ある町づくりや観光産業などの発展に努めていることを理解させ，自分が住んでいる県に対する理解と関心を深めさせるというねらいがあります。

県内には，外国の都市と姉妹都市関係を結んでいる都市があります。友好提携都市と言っているところもあります。1つの都市が複数の都市と関係を結んでいることもあります。姉妹関係になっているのにはそれなりの理由があります。姉妹都市に目をつけて，交流の実際を調べることもできます。

A. 子どもたちの関心を世界に向ける

国際交流については，これまで6年の世界の中の日本の役割に関する学習で取り上げられてきました。4年で扱うようになったことには，できるだけ早い時期から世界に目を向けさせ，自分たちの住んでいる県と外国との関わりについて理解させるという意図があります。

子どもたちの関心を世界に向けるためには，地図帳の世界地図や地球儀を活用し，都市の位置や位置関係を確認します。

交流には，例えばスポーツ，文化・芸術などの交流，互いに訪問し合う人による交流，互いの都市の様子を伝え合う情報の交流などがあります。ここでのポイントは，選択した地域において，交流のきっかけになったことや相互交流の様子を調べ，なぜ国際的な交流に取り組んでいるのかを考えさせることです。また，個人としての交流活動ではなく，市役所や団体など地域としての取り組み状況を取り上げます。

Q16. わが国の領土はどの程度扱うか

A.「領土の範囲」をどう取り上げるか

　これまでもわが国の領土に関する教育は行われてきましたが，必ずしも十分ではありませんでした。学習指導要領では「領土の範囲」を理解させるようになっています。ここでは，少なくとも次の2つの事項を指導します。

　1つは，領土の東西南北の島と帰属する県（都，道）名や，それぞれの位置を地図で確認させます。具体的には，北の端は択捉島（北海道），東の端は南鳥島（東京都），南の端は沖ノ鳥島（東京都），西の端は与那国島（沖縄県）であることを理解させます。

　2つは，日本の排他的経済水域（200カイリ水域）について指導します。沿岸から200カイリ（約370キロメートル）までは，天然資源を開発する権利が認められています。なお，領海とは沿岸から12カイリまでの範囲をいいます。

A. 領土問題の扱い方

　小学校の学習指導要領（社会科）に「竹島や北方領土，尖閣諸島が我が国の固有の領土であることに触れること」と示されたのは初めてです。『解説』には，「我が国の固有の領土である」とは「一度も他の国の領土になったことがない領土という意味」であるとしています。

　竹島は大韓民国によって，北方領土はロシア連邦によって不法に占拠されていること，竹島については大韓民国に繰り返し抗議していること，北方領土についてはロシア連邦に返還を求めていることに触れるようにすると解説されています。また，尖閣諸島については，わが国が現に有効に支配する固有の領土であり，領土問題は存在していないという立場です。

　領土の問題を取り上げると，感情的になることがあります。偏狭な理解に陥らないよう，資料にもとづいて現状と事実をしっかり捉えさせます。韓国や中国の国籍を有するなど外国籍の子どもが在籍している場合には，偏見や差別を助長することがないよう十分な教育的配慮が必要です。

Q17. 食料生産や工業生産で歴史的視点をどう取り上げるか

5年

A. 食料生産における歴史的な内容

　今回の改訂では，主として現代社会の仕組みや働きに区分されるわが国の農業や水産業における食料生産に関する学習に，歴史的な視点に着目して調べる事象が新たに示されました。これは「見方・考え方」を働かせ，社会的事象を多角的に捉えさせるためです。

　食料生産における歴史的な内容は次の2つがあります。まず，わが国の食料生産の概要を捉えさせるとき，米や野菜，果物，水産物などの生産量はどのように変化しているかを統計資料やグラフなどで調べます。果物にはみかんやりんごなどがあり，水産物にも様々な種類の魚介類がありますから，それぞれ個別に調べることもできます。生産量の変化に注目すると，気候との関連や消費との関連，今後の動向など，様々な課題も見えてきます。

　また，食料生産の盛んな地域を取り上げて調べる際に，技術の向上に着目させます。具体的には，機械化による仕事の変化，品種改良の歩みなどを調べ，食料生産に従事している人々の工夫や努力を捉えさせます。

A. 工業生産における歴史的な内容

　歴史的な視点は，上記の同様な趣旨から工業生産に関する学習にも位置づけられています。ここでの歴史的な内容は，わが国の工業生産の概要を捉えさせるとき，工業製品が改良されてきたことに注目させます。具体的には，工業製品はどのように改良されてきたのだろうかと問いかけ，資料などで調べさせます。例えば，炊事や洗濯に使用する道具，仕事で使われる道具など具体的な製品を取り上げて調べさせることが考えられます。

　ここでは，単に工業製品の移り変わりを調べるのではなく，技術開発によって製品がどのように改良されてきたか。開発に関わった人々はどのような苦労や工夫をしてきたかについても捉えさせます。これによって，工業生産が国民生活に果たしている役割を考えさせることができます。

Q18. 工業生産に「貿易や運輸」を どう位置づければよいか

✐A. 「貿易や運輸」を独自に取り上げる

「貿易や運輸」の様子やその役割については，食料生産や工業生産の盛んな地域の具体的事例を取り上げた学習でも扱うことができます。いずれにおいても貿易や運輸が深く関わっているからです。

学習指導要領には貿易や運輸に関連して，身につける知識や技能，思考力，判断力，表現力に関わる事項が独自に示されています。こうした示され方を踏まえると，貿易や運輸の様子や役割を理解させるための小単元を独自に立ち上げて指導することが望ましいと考えます。

本小単元では，原材料を確保したり製品を販売したりするとき，貿易や運輸は工業生産を支える重要な役割を果たしていることを理解させます。そのためには，工業製品を生産するためにどのような原材料をどこからどのように入手しているのか。生産した工業製品はどこへどのように販売されているのか。わが国の工業生産は外国とどのような関わりがあるのかなど，交通網の広がりや国内や外国との結びつきを調べさせます。

その際，高速道路や鉄道，航路などの交通網，陸上輸送や海上輸送における輸送手段，輸送に携わっている人々の工夫や努力に注目させます。

✐A. 地球儀や世界地図を活用する

貿易や運輸の仕事は第三次産業です。子どもたちにとって必ずしも身近なものではありません。これらの様子や役割を考えさせるためには，地球儀や地図帳の世界地図を活用することが必要になります。原材料や製品を輸送するルートを地図に表したり，関わりのある国々の名称と位置を確認して白地図にまとめたりする活動が効果的です。

ここでの学習はややもすると統計資料やグラフなどを活用した抽象的な学習に陥りやすいことから，運輸業や物流業に携わっている人たちから話を聞いたり，それらの施設を見学したりする機会を設けるとよいでしょう。

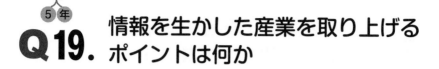

Q19. 情報を生かした産業を取り上げるポイントは何か

A. 情報を生かした産業とは何か

　放送や新聞などの産業は情報を収集し発信する産業で，これらは情報産業の1つです。学習指導要領に示された「情報を生かして発展する産業」とは，大量の情報や情報通信技術を有効に活用することにより，国民生活に大きな影響を及ぼしている産業のことです。具体的には，販売，運輸，観光，医療，福祉などに関わる産業が例示されています。

　例えば，コンビニエンス・ストアーやインターネットでの通信販売業，宅配便を行っている企業や地方から生鮮食料品を届けている運輸業，旅行を企画・運営している観光業，また，医療や福祉については病院や福祉施設などが考えられます。いずれも第三次産業に当たります。

　授業に当たっては，例示されている産業の中から選択して取り上げることになります。販売業と運輸業が結びついて，国民生活の利便性を高めていることもあります。子どもにとって身近な産業を取り上げ，生活を支えていることが実感できる事例を取り上げることがポイントです。

A. 情報を生かした産業の役割を考えさせるために

　コンビニエンス・ストアーでは，販売時に収集した顧客情報を蓄積して分析したり店の立地条件を考慮したり，さらに気象などの情報を収集したりして，当日や翌日の販売量を予測し入荷しています。また，リムジンバスの運転手は，道路や交通量，天候などの情報をもとに会社から示されたルートで走行することにより，時刻どおりに運行できるように努力しています。

　情報を生かしている産業の役割を考えさせるために，販売や運輸などの産業が活用している顧客，気象，交通，世の中の出来事など様々な情報の種類を調べることにより，これらの産業は多方面の情報を収集・活用していることに気づかせます。また，それらの情報をどのように活用しているのかを調べることにより，情報活用の現状やアイデアを知ることができます。

Q20. 5年の自然災害の学習は4年とどのように違うか

A. 国土理解としての自然災害防止学習

4年での自然災害に関する学習では、事例を県内で過去に発生した地震災害、津波災害、風水害、火山災害、雪害などから選択して取り上げます。一方、5年では地震災害、津波災害、風水害、火山災害、雪害などをいずれも取り上げ、国土を対象に学習を展開します。

学習はまず、災害の種類、発生した場所と時期などを調べることにより、自然災害には様々な種類があること、わが国では国土のどこでもいつでも発生していることに気づかせます。ここでは、地図や年表を活用して、わが国の自然災害の現状を捉えさせます。そのうえで発生する背景や理由をわが国の地形や気象、地象など国土の自然条件との関連から考えさせます。自然現象のメカニズムなど理科の学習内容との関連を図ることが重要です。

次に、こうした学習を踏まえて、主な自然災害ごとに国や県などが行っている防災対策を具体的に調べさせ、国や県などは自然災害から国土を保全し国民生活を守るために様々な対策や事業を進めていることを理解させます。これは公助の観点から自然災害防止のあり方を学ぶことです。

A. 公助、共助から自助へ

5年での自然災害の防止に関する学習は、国土保全、国土理解を深めるという性格をもっています。

4年や5年で、自然災害について公助や共助の観点から学んだことを踏まえて、「自分の身は自分で守る」という自助の観点から、万一の自然災害の発生に備えて自分にできることは何かを考えさせます。

4年では、地域で起こり得る災害を想定して、日ごろから備えることを考えさせましたが、ここではその成果も踏まえてあらゆる災害を想定して考えさせるようにします。子どもたちは現在及び将来において国土のどこで自然災害に遭遇するか分からないからです。

Q21. 政治の学習と歴史の学習が入れ替わったのはなぜか

A. 政治に対する関心を高めたい

　若者の投票率がほかの世代と比べて低いことが指摘されています。また、選挙権の行使年齢が18歳に引き下げられました。一人一人が社会の形成者としての自覚をもって、よりよい社会づくりに参画する人づくりを目指す主権者教育も課題になっています。

　こうした状況や課題を受けて、学校教育において政治についての基礎的な知識を習得させ、政治に対する関心を高めたいというねらいがあります。

　また、政治に関する学習は、これまで歴史学習のあとに実践されてきましたから、時期的に11月中ごろから翌年の1月でした。間に冬休みが入っていましたから、学習が途切れてしまい、関心を持続させ、理解を深めていくことが難しいとも言われてきました。

　6年に進級して、いきなり政治について学習するのは難しくないかと心配する向きもありますが、昭和43年版の学習指導要領では政治に関する学習が先行していましたから、まったく新しいことではありません。

A. 歴史学習でのつまずきを無くすために

　小学校での歴史学習は主に政治の移り変わりを学びます。歴史を学んでいくと、「世の中を治める」「幕府を開く」といった表現のほか、「政権」や「江戸幕府の政治」「明治の新政府」など政治に関する用語が登場します。租庸調や年貢、地租改正などの税に関する用語も扱われます。ところが、現在の政治について学習していませんから、これらの表現や用語が意味していることについて十分理解していません。さらに、戦後の学習では、女性の参政権が認められたことや日本国憲法が制定されたことを扱いますが、子どもたちは選挙権の意味することや日本国憲法の内容は理解していません。

　歴史学習においてつまずきを無くし、理解を深めるようにするため、政治に関する基礎的な知識や用語をまず習得させるというねらいがあります。

Q22. 政治に関する内容の順序が変わったのはどうしてか

6年

A. 政治に関する内容の新しい構成

これまでの政治に関する学習の構成は，具体的な事例を通して政治の働きを学び，次に国会，内閣，裁判所といった政治の仕組みを扱い，そのあとに日本国憲法が位置づいていました。ところが，新学習指導要領では，こうした順序が逆転して示されました。すなわち，日本国憲法が国民生活に果たす役割→国会，内閣，裁判所と国民との関わり→国民生活における政治の働きの順になったのです。

学習指導要領に示された順序は学習の順序を示しているものではありませんが，新しい教科書ではこうした構成が取り入れられますから，各学校での学習順序もこれまでとは大きく変わることになります。「いきなり日本国憲法から学習するのは難しくないか」とか「各小単元の学習の組み立て方はこれまでと同じでよいのか」といった指摘も聞かれますが，今後新たな教材開発と指導方法の研究が求められます。

A. まず基本を押さえ，次に具体を見る

政治に関する内容が大きく変わった理由の１つに，政治に対する理解のさせ方，政治の見方・考え方があります。これまでの市や県や国土を対象にした学習では，いきなり事例など具体からではなく，まず全体の様子を概観する学習が位置づけられていました。「まず全体を概観して，次に具体的な事例を学ぶ」という手順がとられてきました。

政治に関する学習でも，まず日本国憲法でわが国の政治の基本的な考え方を確認し，そのあとに，政治の仕組みや働きを具体的に調べていくという構成になっています。ここにも，基本を押さえてから具体的事例を学ぶという手法が生かされています。

ちなみに中学校の公民的分野の学習では，これまでも日本国憲法の基本的な原則を学んだあとに，民主政治と政治参加について扱われてきました。

Q23. 歴史学習で外国との関わりを どう扱うか
（6年）

A. グローバルな見方・考え方を養う

　わが国の歴史はそれぞれの時代において，他国から影響を受けながら，あるいは影響を及ぼしながら発展してきました。ところが，これまでは子どもたちが日本の歴史を初めて学ぶことを配慮して，また中学校との関連性や発展性を考慮して，日本国内の動きを中心に歴史学習を展開してきました。

　これまでも折にふれて，外国との関わりは扱われてきましたが，今回の改訂で「当時の世界との関わりにも目を向け，我が国の歴史を広い視野から捉えられるよう」にすることが学習指導要領に示されました。これは，社会科の教科目標にも「グローバル化する国際社会」と示されており，歴史学習においてもグローバルな視点に立って学んでいくという，歴史の見方・考え方を重視しているものです。

　歴史学習は時間軸を中心に社会の特色や変化を学んでいくことですが，世界の動きに目を向けるとは，それぞれの時代において空間軸である地理的な視点で時代を捉えることでもあります。

A. 外国との関わりを扱う事象

　外国との関わりを扱う具体的な事象は『解説』に次のように例示されています。例えば，聖徳太子らによる「大陸文化の摂取」，鎌倉幕府による「元との戦い」，フランシスコ・ザビエルらによる「キリスト教の伝来」，ペリーによる「黒船の来航」，清（中国）やロシアと戦った「日清・日露の戦争」，それに「日中戦争や我が国に関わる第二次世界大戦」です。

　これらの歴史的な事象を扱う際には，当時の世界の動きが捉えられる地図を活用して，関わりのあった人や事象の国や地域はどこなのか。位置や場所を確認し，それらはわが国とどのように結びついていたのか。ルートなどを調べさせます。そのうえで，わが国は広く世界の国々と関わりながら独自の歴史を展開させ，伝統や文化を育んできたことに気づかせます。

Q24. 「歴史を学ぶ意味を考える」とはどういうことか

A. 「歴史を学ぶ意味を考える」とは何か

　子どもたちが「歴史を学ぶ意味を考える」ことはこれまでも重要な課題でした。ところが，歴史的事象を調べ，時代の様子や特色を捉えさせることは行われてきましたが，なぜ歴史を学ぶのか。なぜ学んできたのかについては，授業の中であまり議論されてきませんでした。

　今回の改訂では「歴史を学ぶ意味を考える」ことが，思考力，判断力，表現力に関わる「内容」とともに，「内容の取扱い」として示されています。ここからも重視されていることが読み取れます。

　歴史を学ぶ意味は，大きく捉えると，２つあります。まず歴史学習を通して，わが国は長い歴史をもち伝統や文化を育んできたことを理解することです。ここでは，知識として身につけるだけでなく，いまの私たちの生活は先人の様々な苦労や働きのうえに成り立っているという，現在と過去とが深く結びついていることを理解させます。また，これまでの学習を振り返り，将来の自らの生き方や社会の発展を考えさせます。

A. 考えさせる場面の設定と方法のアイデア

　歴史を学ぶ意味を考える主要な場面は，歴史学習の終末です。わが国の歴史から何を学んだかといったテーマで小論文を書かせたり，討論したりします。歴史学習を始める際に，「なぜ歴史を学ぶのだろうか」と問いかけ，初めの考えを書かせておくとよいでしょう。その考えがどのように変容したのか。それはなぜなのかを表現させることによって，子どもは思考の変容や理解の深まりを自覚でき，教師はその内容を捉えることができます。

　各時代の主な歴史的事象を学んでいく過程においても，「なぜいま歴史を学んでいるのだろうか」と問いかけ，折にふれて歴史を学ぶ意味を考えさせる機会を設けるようにします。これによって，人物の働きや代表的な文化遺産に接しながら歴史に対する見方・考え方を深めさせることができます。

Q25. つながりのある国の学習で「国際交流」をどのように扱うか

6年

A. これまでの「国際交流」の扱いとの違い

「国際交流」については4年の特色ある地域を取り上げて扱われますが，これまでと同様に6年でも扱われます。これまでは，国際社会においてわが国が重要な役割を果たしていることを考えさせる際に，スポーツや文化などを通した世界の国々と日本との交流活動が扱われてきました。

これからは，わが国と経済や文化などの面でつながりが深い国の人々の生活の様子に着目して，国際交流の果たす役割を考えさせるようになります。これには次のような理由によります。

国際交流に関する事項は，学習指導要領の「内容」の(3)においてア(ｱ)に「スポーツや文化などを通して他国と交流し」とあり，イ(ｱ)に「国際交流の果たす役割を考え」と示されています。これらの事項を関連づけて読み取ることが求められています。また，「内容の取扱い」には，「ア(ｱ)については，我が国とつながりが深い国から数か国を取り上げ」，「児童が1か国を選択して調べる」とこれまでと同様なことが示されています。

A. 選択した国とわが国との交流活動を取り上げる

これまでの実践によると，わが国と経済や文化などの面でつながりが深い国として，大韓民国，中華人民共和国，アメリカ合衆国，オーストラリア，サウジアラビア，ブラジルなどが取り上げられてきました。これらの国の中から，子どもが1か国を選択して人々の生活の様子について調べ，その後発表し交流するなどの学習活動を展開してきました。

生活の様子とは，『解説』に人々の衣服や料理，食事の習慣，住居，挨拶の仕方やマナー，子どもの遊びや学校生活，気候や地形に合わせた暮らしの様子，娯楽や行事など様々な要素が示されています。このような学習はこれからも踏襲されます。さらに，それぞれの国とスポーツや文化などを通したわが国との交流活動についても新たに取り上げることになります。

2. 社会科「重点単元」授業モデル
重点単元22のアイデア紹介

　ここでは，今回の学習指導要領の改訂で，大きく改められた内容や教材及び内容の取扱いに焦点を当てて，関連する小単元の目標及び指導計画を示すとともに，研究授業などで実施することを想定して，本時の学習指導案を紹介しています。今後，各学年において実践上の課題になりそうな5～6つのテーマを設定しました。
　各事例は概ね次のような構成になっています。

① **小単元の目標**は，学習指導要領で重視されている「資質・能力」を構成する「3つの柱」にもとづいて設定しています。これらは観点別評価を実施する際の評価規準として参考にすることができます。
② **指導のアイデア**では，「見方・考え方」の働かせ方と「主体的・対話的で深い学び」を実現させるためのアイデアを述べています。
③ **知識の構造図**は，本小単元で習得させる中心概念（概念的知識），具体的知識，用語や語句を階層的，構造的に整理したものです。これにより，どのような知識をいつ習得・獲得させるかが明確になります。
④ **指導計画**は，「知識の構造図」とも関連を図りつつ，問題解決的な学習の流れ（概要）を示しています。
⑤ **本時の学習指導案**は，(1)ねらい，(2)展開，(3)板書計画から構成しています。研究授業などで活用することができます。

3年 小単元 1 市の様子

「市の様子」に重点を置いた指導

1 目標

1 　市の特色ある地形，土地利用の様子，主な公共施設の場所と働き，交通の様子，古くから残る建造物など，地域の様子は場所によって違いがあることを理解するとともに，写真や地図で調べ，まとめる技能を身に付ける。
2 　市内の地域の特色を，土地利用の様子や建造物などの視点から比較・分類したり，総合したりすることで，市全体の特色を見出し，表現する。
3 　意欲的に問題解決に取り組み，学習したことを光市オリジナルマップにまとめ，市に対する誇りや愛情を養うようにする。

2 指導のアイデア

📖❶ 「見方・考え方」の働かせ方

・学習問題を設定し，市内の各地域を見学して，大まかな様子を押さえる。その上で，小集団で，市内の数か所を上空から四方位に向けて撮影された写真の情報と，山口県光市の地図の情報を関連付けながら撮影地点を探る活動を設定する。そうすることで，自然環境や建造物，土地利用の様子，交通の様子などの視点から時間的，空間的な見方・考え方を働かせ，市内の各地域の様子を捉えることができるようにする。
・小集団活動で捉えた各地域の特色を，全体の場で整理する活動を設定する。そうすることで，市の海側の地域と山側の地域で場所によって違いがあることを捉える。そして，活動を通して気付いた新たな疑問をもとに調べる活動を通して，時間的，社会システム的な見方・考え方で光市の地域的特

色を捉えることができるようにする。

📖❷ 「主体的・対話的で深い学び」を実現させるために

・社会見学や学習の様々な場面において，交通の様子，土地の様子，建物の様子にしっかりと着目させる。このように観点を明確にすることで，子どもが，主体的・対話的に学びを進めていくことをねらう。また，話し合いで出た新たな疑問をもとに具体的な事例を探ることで，「面から点」で光市の様子を改めて捉え，深い学びを実現させることができると考える。

3 知識の構造図

中心概念

わたしたちの光市は，様々な場所があり，それぞれ地形や土地利用，交通や人の様子などの違いがあるとともに，それぞれの地域の様子は，場所によって違いが見られている。❾❿

具体的知識

❶ 光市は，学校がある室積地域よりもずっと広く，様々なところがある。

❷ 光市には，駅や店がある地域や工場がある地域，公共施設がある地域，田畑が広がっている地域などがある。

❸❹❺ 光市は，西側は土地が低く，東に向かうほど土地が高くなっており，それぞれの地域で土地利用が異なる。

❻ 光市では，西側の海に面した地域は低地を生かして工場や店，住宅地が多く，東側の山側の地域は田畑が多く，それぞれの自然を生かして土地利用を行っている。

❼ 光市の海側の地域はかつて海軍工廠が存在し，その影響で現在も広い国道が連なり，周辺の地域が栄えている。

❽ 光市の山側の地域は，田畑が広がっているが，近年では高速道路を生かして工場が多数集まっている。

用語・語句

・光市
・各地域

・八方位

・建物
・交通
・地形

・川
・田畑，島田
・国道，鉄道
・工場
・公共施設，店

・海軍工廠
・住宅街，店

・高速道路
・工業団地

2章 社会科「重点単元」授業モデル 35

4　指導計画（10時間扱い）

	主な学習活動・内容	資料	指導上の留意点
学習問題をつかむ(2)	❶光市の航空写真を見て，気付いたことや市の施設や様子で分かっていることを話し合う。 ・学校のある地域と比較すると，市は学校のまわりよりもずっと広く，様々なところがある。 ❷市の地図を見て，行ったことのある場所を紹介し合い，見学の計画を立てる。 ・駅のまわりや店の集まるところ ・大きな川（島田川）沿いの場所 ・市役所や図書館などの施設が集まるところ ・あまり行ったことのないところ	◇学校のある地域の写真 ◇白地図 ◇市の地図 ◇市全体の航空写真 ◇店や施設の写真	・課題意識をもたせるために，学校がある地域と市内の地域を比較させる。 ・生活経験と，市の写真や地図から気付いたことを関連付けて話し合い，学習問題を見出させる。
	学習問題　わたしたちの学校がある光市は，どのような場所があり，それぞれどのような様子なのだろうか。		
調べる(6)	❸❹❺光市の各地域を調べるために見学する。 ・駅や店の多い地域の大まかな様子（浅江） ・川や工場がある地域の大まかな様子（島田） ・公共施設の集まる地域の大まかな様子（光井） ・山側の工場が多い地域の大まかな様子（周防） ・山側の田畑が多い地域の大まかな様子（束荷） ❻光市全体の地域的特色について探る。【本時】 ・駅や店が多い地域，工場がある地域，公共施設がある地域は光市の海に面している側につながって広がっている。 ・田畑がある地域は光市の山が連なっている地域に広がっている。 ・海側の地域には道幅の広い国道がずっとつながっている，山側の地域には工場が集まって	◇上空から四方位が撮影された5か所の写真 ◇小集団用の光市の地図 ◇光市の大きな白地図	・小集団を交通の様子，土地の様子，建物の様子の視点に役割分担して調査をさせる。 ・上空から撮影した写真で俯瞰的に捉えることで，点の捉えから面の捉えで考えさせ，光市の特色を見出させる。

	いる。		
	❼疑問をもとに光市の様子を調べる（海側）。 ・海側に，広い国道がある理由は，第二次世界大戦の頃に，光市に海軍工廠があったため。現在は，その地形を利用して店や工場，市役所や図書館などの公共施設が集まっている。	◇第二次世界大戦当時の海側の地域の写真 ◇光市の地図	・時間的，社会システム的な見方・考え方で捉えさせる。
	❽疑問をもとに光市の様子を調べる（山側）。 ・山側の工場が集まっている地域には，自動車部品やステンレスなどの小さな部品をつくる工場が集まっている。それらは，1980年代後半に高速道路のインターチェンジの近さを生かして複数の工場が集まったためである。	◇光市の地図 ◇高速道路インターチェンジの写真 ◇製造される製品	・時間的な見方・考え方から，山側を開拓して工業団地を建設したことを捉えさせる。
まとめる(2)	❾❿調べたことを整理し，学習問題に対する自分の考えをまとめる。 ・光市は，海に面した地域に店や工場，公共施設が集まっている。山が連なる地域は，田畑が広がっているが，最近は工場が集まってきている。	◇これまで調べてきたノート ◇白地図	・単元を通して，調べたことを加筆させていき，白地図にまとめていく。

3年 市の様子

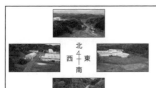

周防地域の写真

本実践の第6時では，上のような写真資料を用いた。子どもの目線よりも高く，鳥瞰図よりも低い高さから撮影した写真である。このような写真を用いることで，土地利用の様子を点から面で捉えさせることをねらったのである。これらの写真から光市全体の様子を探ると右図のようになる。
※5か所の地域は，後の単元で取り扱う地域を中心に選択した。写真は，各地域のビル管理者に依頼して撮影したり，ドローンを用いて撮影したりした。

本単元・教材の説明

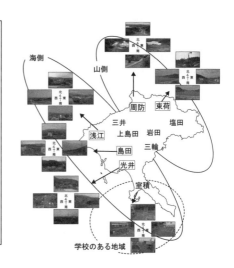

2章 社会科「重点単元」授業モデル 37

5　本時の学習指導案（6／10時間）

📖❶ ねらい

　提示された光市内の写真が，地図上のどこで撮影されたかを探り，その根拠となる各地域の特徴を比較する活動を通して，光市全体の地域的特色を捉えることができる。

📖❷ 展開

主な発問・指示／予想される反応	資料	指導上の留意点
①社会見学で光市内を回った時に，どのようなことを見つけましたか。 ・光市役所や図書館，消防署が光井地域にあった。 ・光駅がある浅江地域には，店や住宅地があった。 ・周防地域には，カンロ飴工場や田畑があった。 ②今日のめあてを確認しましょう。	◇各地域の情報が分かる写真	・社会見学の時に見つけたことを想起させる。 ・見学で気付いた各地域の様子から，光市全体の様子を意識させる。
見学で見つけたことと写真と地図の情報から，光市全体の様子をとらえよう。		
③教室内の光市内5か所（浅江，島田，光井，周防，束荷地域）の写真を見て，写真が，地図上のどの地域で撮影した写真か見つけましょう。 （周防地域の場合） ・山が写っている。地図上で山地の地域を探そう。 ・工場が見えるよ。見学で見つけたカンロ飴工場だと思うよ。 ・緑に囲まれていることと，カンロ飴工場があることが，周防地域である決め手だね。 （光井地域の場合） ・工場が写っている。その奥には海が見えるね。 ・市役所が写っているよ。市役所の前には，国道が続いていることが分かるよ。 ・海と市役所，国道から光井地域だと分かるよ。 ④各地域に共通することを整理しましょう。	◇各地域の四方位の上空写真（大サイズ） ◇小集団用の光市の地図 ◇小集団の話し合いをまとめるためのワークシート ◇全体の場で	・小集団で，地図と写真の情報と，見学の際に役割分担していた土地の様子，交通の様子，建物の様子の視点とを関連付けながら話し合わせる。 ・写真の撮影場所の判断理由について，話合いが停滞している小集団には，他の小集団の子どもの考えを参考にするよう促す。 ・小集団で捉えた各地

38　〈3年〉

・浅江・島田・光井地域は，平地が続くため，店や工場が国道沿いに続いていることが分かる。 ・周防地域や束荷地域などの山に近い地域は，田や畑が広がっていることが分かる。 ・光市は，それぞれの地域で特色がある。海側の地域も山側の地域も，自然に合わせた土地の使い方をしていることが見えてきた。 ⑤これまでの学習や調べたことをもとにしながら，さらに調べたいことをまとめましょう。 ・海側の地域に，大きな工場や広い国道が続いていることが分かったが，なぜだろう。 ・山側の地域を見ると，田畑もあるけど，小さな工場がいくつかあるよ。なぜだろう。	まとめるための光市の白地図 ◇四方位の写真（小サイズ） ◇海側の国道や工場の様子が分かる写真 ◇山側の地域に存在する工場の写真	域の特徴を比較させる。そうすることで，工場や公共施設，自然環境などの視点から光市全体の特色を見出せるようにする。 ・調べたことや本時で分かったことをまとめさせる。 ・疑問に思ったことを交流させ，必要に応じて写真を提示し，次時の学習へつなげる。

3 板書計画 (本時で使用した写真は省略)

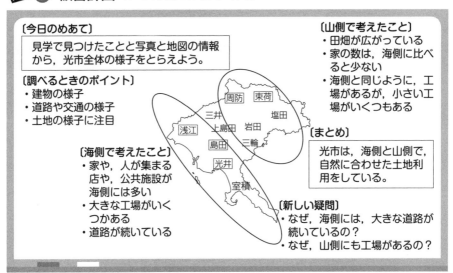

（才宮　大明）

スーパーマーケットではたらく人

「売り上げ」の工夫を調べる販売の工夫

1 目標

1 販売の仕事について，スーパーマーケットで働く人は消費者の多様な願いを踏まえ売り上げを高めるために様々な工夫をしていることを理解するとともに，見学・調査したり白地図にまとめたりする技能を身に付ける。
2 消費者や販売の仕方，他地域や外国との関わりに関する知識をもとに，仕事に見られる工夫を考え，結果を図表や白地図にまとめる。
3 意欲的に問題解決に取り組み，地域社会の一員としての自覚をもつようになる。

2 指導のアイデア

❶「見方・考え方」の働かせ方

・つかむ段階で，魚売り場の写真を一日の時刻を追って並べて，時刻によって並べ方や商品の値段が違うことに気が付かせ，時間的な見方・考え方を働かせながら，売り上げの工夫を理解する。
・調べる段階で，白地図に食材を仕入れた場所を押さえることで，空間的・公民的な見方・考え方を働かせながら，他地域との関わりを理解する。

❷「主体的・対話的で深い学び」を実現させるために

・調べる段階で見学活動を効果的に組み入れる。そのためには見学前に，見学時には「売り上げを上げる」といった視点で見たり聞いたりするよう指導する必要がある。そのために，学習問題を予想する活動を大切にして，

出てきた予想を分類・整理する学習を行う。

3　知識の構造図

中心概念

販売に携わる人々（スーパーマーケットで働く人々）は，売り上げを上げるために，様々な工夫や努力をしている。　　　⓬

具体的知識

- ❶ スーパーマーケットの魚売り場は時刻によって変化している。
- ❽ 売り場に並べている魚類は、国内の各地域や外国から運ばれてくる。
- ❾ 時刻によって値段を変えるなど、値段のつけ方に工夫がある。
- ❿ 魚売り場を美味しく見せたり、他の商品も同じ種類ごとに集めたり、季節の飾りつけをしたりすることなど並べ方に工夫が見られる。
- ⓫ 新聞に広告を入れたり、ポスターを作ったりして、お客を呼び集めている。
- ⓭ 売り上げを上げるためには、お客のニーズ（自転車置き場・ベビーカー置き場・ATM等）に応えることが大切である。

用語・語句

- ・スーパーマーケット
- ・売り場

- ・食材
- ・仕入れ

- ・商品
- ・値札

- ・値段

- ・宣伝
- ・広告
- ・特売日

- ・ニーズ

❷❸…学習計画の作成　❹〜❼…見学活動

2章　社会科「重点単元」授業モデル　41

4　指導計画（13時間扱い）

	主な学習活動・内容	資料	指導上の留意点
学習問題をつかむ(3)	❶スーパーマーケットの魚売り場の様子を調べる。【本時】 　魚売り場の写真を比べて学習問題をつくろう。 ・魚売り場は開店直後は商品が置いていない。 ・魚売り場の閉店前は値段を安くする。 　学習問題　スーパーマーケットの魚売り場で働いている人は，売り上げを上げるために，どのようなことをしているのだろう。 ❷経験などを出し合って，学習問題に対する予想をする。 ・魚を日本各地や外国から集めている。 ・安売りをしている。 ・買いやすいパックにして販売している。 ❸予想を確かめるために，スーパーマーケットを見学する計画をたてる。 ・「仕入れ先」「値段のつけ方」「並べ方」「宣伝」の観点を決める。 ・見学カードに観点を書き入れる。	◇魚売り場の写真 ・開店直後 ・昼前 ・夕方 ・閉店前 ◇スーパーマーケットの売り場図 ◇見学カード	・写真の事実を読み取り，時刻順（時系列）で整理する。 ・「売り上げ」の意味を押さえる。 ・「仕入れ」「価格」の意味を押さえる。 ・「値札」には価格と国内の産地・外国名が記入してあることを押さえる。
	❹❺❻魚売り場の見学をする。 ❼分かったことを「見学カード」に整理する。 ❽食材の仕入れ先はどこか。 ・白地図で魚の産地や外国の位置を確認する。	 ◇地図帳 ◇白地図	・観点別に時系列でまとめる。 ・産地記入の値札を活用する。

42　〈3年〉

調べる(8)	❾魚の値段はいつ安くなるのだろう。 ・閉店前に値段を下げる理由を話し合う。	◇値札	・値下げした時刻に着目させる。
	❿魚はどのように並べているか。 ・切り身やお刺身で売っている理由を話し合う。	◇魚実物絵 ◇パックの写真	・お刺身パックやお寿司パックに着目させる。
	⓫お店の宣伝はどうしているか。 ・お客さんに来てもらう方法を話し合う。		・便利さに着目させる。
まとめる(1)	⓬学習問題に対する自分の考えをまとめ，お互いに発表をし合い，よりよい考えに高める。	◇スーパーマーケットの売り場図	・共通するキーワード「工夫」に着目させる。
いかす(1)	⓭スーパーマーケットの魚売り場では売り上げをさらに上げるために，どのような工夫をするといいか話し合う。		・消費者のニーズと「売り上げ」を関連付ける。

※〔他地域との結びつきを実感させる工夫〕

　最近のスーパーマーケットの魚売り場に並べられている魚介類には産地が示されていることが多く，その表示に目を向けさせることによって産地名を確認することができる。

　ただし3年生には，まだ他府県等の地名や外国について十分な知識がない。地図帳がまだ手元にない場合もある。そのため，教師が白地図やホワイトボード，ICT機器を用意し，一つ一つ位置を示す必要がある。日本地図や世界地図，魚介類のイラストから自分たちの住んでいる市区町村に矢印を入れるなどの工夫をして結びつきをイメージさせる工夫をする。

5　本時の学習指導案（1／13時間）

❶ ねらい

　スーパーマーケットの魚売り場の4枚の写真（時刻の異なる定点）を比べて，商品の数や種類，値段を調べ，売り上げの工夫に視点を絞り学習問題を設定することができる。

📖❷ 展開

主な発問・指示／予想される反応	資料	指導上の留意点
①スーパーマーケットの魚売り場を調べて学習問題をつくりましょう。 ②魚売り場の写真を4枚，時刻をお知らせして並べます。違いを見つけてください。 　㈰開店時刻9：00です 　・なにもないよ。 　・開店しているのに。 　㈪昼前の11：00です 　・たくさんの種類の魚がある。 　・同じ種類ごとに並んでいる。 　㈫夕方5：00ごろです 　・お刺身にして置かれている。 　・おかずになるものが多い。 　㈬夜9：00ごろです 　・商品が少ない。 　・値段が安くなっている。	◇スーパーマーケットの写真 ◇スーパーマーケットの売り場図 ◇魚売り場の写真 ㈰開店直後 ㈪昼前 ㈫夕方 ㈬閉店前（値段を下げている場面）	・スーパーマーケット全体から魚売り場に焦点を当てる。 ・4枚の事実を読み取り，時系列に並べ，変化に着目させる。
③店員さんはどうして値段を下げたと思いますか。 ・売れ残りは，ないようにしたい。 ④学習問題を設定します。		・「価格」「値段」「売り上げ」の意味を押さえる。 ・働いている人の様子に目を向ける。

> **学習問題** スーパーマーケットの魚売り場で働いている人は，売り上げを上げるために，どのようなことをしているのだろう。

⑤店員さんは「売り上げ」を上げるためにどのような仕事をしていますか。 ・魚を日本各地や外国から仕入れる。 ・台所で魚をさばいてお刺身にして販売している。 ・売値を考えて決めている。	◇地図	・写真の事実から考えるようにする。 ・「販売」の意味を押さえる。

⑥自分の考え（学習問題に対する予想）をノートに書きなさい。次の時間には予想したことを話しましょう。	・調べたことと話し合ったことを総合して自分の言葉でまとめる。

※〔まとめをかかせる工夫〕
　毎時間の授業終了時に「学習のまとめ」をして授業を終了するが，その時に，「学習のまとめ」が「学習感想」（面白かった，等）になりがちである。
　「今日学習したことを通して，どのようなことが分かりましたか？『今日のまとめ』について，分かったことや自分の考えをノートにまとめなさい」のように働きかけると，自分の言葉でまとめる子どもが増える。

❸ 板書計画

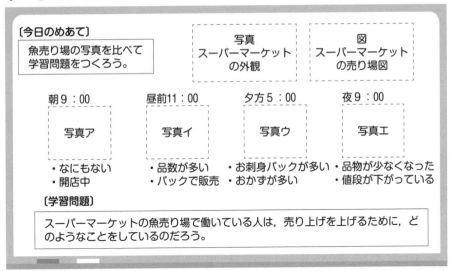

【参考文献】
・北俊夫『"知識の構造図"を生かす問題解決的な授業づくり』明治図書，2015年
・北俊夫『だれでもできる社会科学習問題づくりのマネジメント』文溪堂，2016年

（嶋田　英樹）

3年 小単元 3 火災を防ぐ

「消防署の働き」－緊急対応に重点を置いた指導

1 目標

1 火災から地域の安全を守る働きについて，関係機関が相互に連携して緊急時に対処する体制をとっていることや，地域の人々と協力して火災の防止に努めていることを理解するとともに，見学・調査したり資料などで調べたりして，まとめる技能を身に付ける。
2 関係機関や地域の人々の諸活動を捉え，相互の関連や従事する人々の働きを考え，表現する。
3 意欲的に問題解決に取り組み，火災から地域の安全を守る働きについて学んだことをもとにして，地域や自分自身の安全を守るために自分たちにできることを考えようとしている。

2 指導のアイデア

❶「見方・考え方」の働かせ方

・つかむ場面では，火災の映像とともに，火災が発生してから家屋等が全焼するまでの時間を示し，火災の恐ろしさや，火災に迅速に対処することの重要性に気付かせる。その上で，市の火災発生件数が減少してきた事実や発生件数に対して全焼した件数がわずかである事実を市の白地図から読み取り，市で起きた火災の様子を空間的に把握することで，火災への対処や防火の取り組みに着目して学習問題をつくることができるようにする。
・調べる場面では，火災が発生した際に関係機関が相互に連携して対処していることについて理解するために，関係機関の絵図や矢印を，調べた事実に基づいて実際に操作させながら関係図にまとめるようにする。

📖❷「主体的・対話的で深い学び」を実現させるために

・調べる場面では、消防署見学に行ったり、消防団の方の話を通して、火災に対処したり、防火に努めたりしている方々から対話的に学ぶ機会を設けたい。児童は人々の思いに触れ、対話的に課題を追究していく中で、地域で自分たちができることについて主体的に考えられるようになり、いかす場面での学習が充実したものとなっていく。

3 知識の構造図

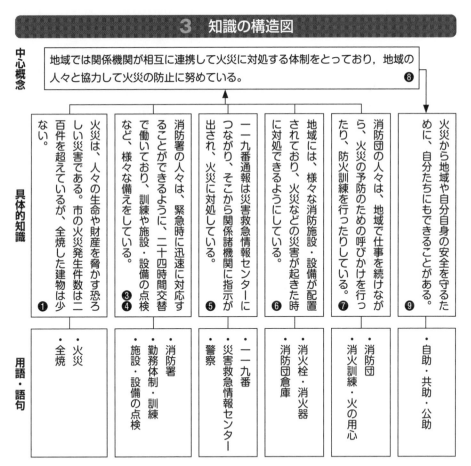

中心概念
地域では関係機関が相互に連携して火災に対処する体制をとっており、地域の人々と協力して火災の防止に努めている。❽

具体的知識

❶ 火災は、人々の生命や財産を脅かす恐ろしい災害である。市の火災発生件数は二百件を超えているが、全焼した建物は少ない。

❸❹ 消防署の人々は、緊急時に迅速に対応することができるように、二十四時間交替で働いており、訓練や施設・設備の点検など、様々な備えをしている。

❺ 一一九番通報は災害救急情報センターにつながり、そこから関係諸機関に指示が出され、火災に対処している。

❻ 地域には、様々な消防施設・設備が配置されており、火災などの災害が起きた時に対処できるようにしている。

❼ 消防団の人々は、地域で仕事を続けながら、火災の予防のための呼びかけを行ったり、防火訓練を行ったりしている。

❾ 火災から地域や自分自身の安全を守るために、自分たちにもできることがある。

用語・語句

・火災
・全焼

・消防署
・勤務体制・訓練
・施設・設備の点検

・一一九番
・災害救急情報センター
・警察

・消火栓・消火器
・消防団倉庫

・消防団
・消火訓練・火の用心

・自助・共助・公助

（注）❷は学習問題について予想や学習計画を立てる時間のため、具体的知識はない。

2章 社会科「重点単元」授業モデル 47

4　指導計画（9時間扱い）

	主な学習活動・内容	資料	指導上の留意点
学習問題をつかむ⑵	❶火災の恐ろしさについて知り，地域で起きている火災に関心をもち学習問題をつくる。【本時】 　市で起きた火災の様子を調べ，学習問題をつくろう。 ・火災の件数は減ってきている。 ・火災の中でも全焼したのはわずかである。 　学習問題　火災を防いだり，すぐに消したりするために，だれが，どのようなことをしているのだろう。 ・消防士さんが消してくれている。 ・火災が起こらないように工夫している。	◇火災（映像） ◇全焼までの時間（絵図） ◇市の人口と火災の発生件数の推移と，全焼した件数（グラフ・市の白地図） ◇火災現場（絵図）	・火災の恐ろしさを映像と資料で実感させた上で，地域の火災の様子に関心をもたせる。 ・既習事項である，市の様子と関連を図る。 ・絵図や生活経験をもとに予想をさせる。
	❷予想をもとに，学習計画を立てる。 ・消防署の働きや119番の仕組みを調べる。 ・町の消防施設・設備について調べる。 ・消防団の人々の働きについて調べる。 ・自分たちができることについて考える。		・各自が考えた予想を整理し，学習計画を立てるようにする。
	❸❹消防署を見学し，迅速に火災に対処するための方法や日常の活動について調べる。 　消防署の人々はどのような働きをしているのだろう。 ・消防署の人々は，緊急時に迅速に対処することができるように，24時間交替で働いている。 ・訓練，施設・設備の点検などの活動をしている。	◇消防署（見学）	・消防署見学では，火災への対処を中心に調べるが，防火の取り組みについても説明の中で触れてもらうようにする。

段階	学習活動・内容	資料	指導上の留意点
調べる (5)	❺119番通報によって，関係諸機関にどのように連絡が伝わるのか調べる。 　119番通報はどのような仕組みになっているのだろう。 ・関係諸機関に指示が出され，連携して火災に対処する体制が整えられる。	◇関係諸機関（絵図） ◇119番通報の仕組み（映像）	・119番通報の後に，どのように関係諸機関に連絡が伝わるかを予想した上で，映像資料をもとに，関係図を完成させる。
	❻地域の消防施設・設備について調べる。 　地域にはどのような消防施設，設備があるのだろう。 ・市全体に消防署や消防団の倉庫がある。 ・町のあちらこちらに，消火栓や消火器などの設備が配置されている。	◇地域の消防施設・設備の配置（市の白地図）（学区域図）	・消防施設・設備が消防法等の法規に基づいて設置されていることにも触れるようにする。
	❼消防団の働きについて調べる。 　消防団にはどのような働きがあるのだろう。 ・火災の予防のための呼びかけを行ったり，防火訓練を行ったりして，火災に備えている。	◇消防団の方の話（ゲストティーチャー）	
まとめる (1)	❽調べたことを整理し，学習問題についての自分の考えをまとめる。 ・地域では関係機関が相互に連携して迅速に火災に対処する体制をとっており，地域の人々と協力して火災の防止に努めている。	◇これまで調べたことをまとめたノート等	・第5時に作成した関係図をもとに，調べたことを整理する。
いかす (1)	❾火災から地域や自分自身の安全を守るために自分たちにできることを考え，話し合う。 ・自分の家の近くの消火器の位置を確かめる。 ・防火を呼びかけるポスターを書く。 ・消防団の訓練に参加する。	◇これまで調べたことをまとめたノート等	・一つの考えに集約するのではなく，根拠を明確にして話し合うようにする。

5　本時の学習指導案（1／9時間）

❶ ねらい

地域で発生している火災の様子について調べ，火災に対処したり，火災を防いだりしている人々の働きに関心をもち，学習問題をつくることができる。

❷ 展開

主な発問・指示／予想される反応	資料	指導上の留意点
①火災の映像と資料から，どんなことが分かりましたか。 ・火災が起きると，全てが燃えてしまう。 ・命を失ってしまうこともある。 ・20分ほどで全焼してしまう。 ②今日のめあてを確認しましょう。	◇火災（映像） ◇全焼までの時間（絵図）	・火災の映像を取り上げる際は，配慮を要する児童がいないか，事前に確認しておく。
市で起きた火災の様子を調べ，学習問題をつくろう。		
③市の人口の変化と火災の発生件数を比べてみましょう。 ・人口は増えているが，火災は減っている。 ・火災を防いできたのかもしれない。 ④市で昨年起きた火災の様子を市の地図から読み取りましょう。 ・火災は市の全域で発生している。 ・火災は200件近く発生しているけれど，全焼したのは5件だけしかない。 ・火災がすぐに消されているということだ。 ⑤これから調べていきたいことを考えて，学習問題をつくりましょう。 ・市の火災が減ってきていたので，火災を防ぐために誰がどのようなことをしているのかを調べたい。	◇市の人口と火災の発生件数の推移と，全焼した件数（グラフ・市の白地図）	・市の人口を示したり，市の白地図上に火災を図として示したりすることで，市の様子について学習した際の既習事項との関連を図るようにする。

・火災の中で，全焼してしまった件数はわずかだったので，どのようにして火災をすぐに消し止めているのかを調べたい。		

> 学習問題　火災を防いだり，すぐに消したりするために，だれが，どのようなことをしているのだろう。

⑥学習問題について予想を書きましょう。 ・119番通報をするとすぐに消防車が駆け付けて火災を消してくれていると思う。 ・おじいちゃんが消防団に入っていて，火の用心を呼びかけているので，関係がありそう。 ・町の中の消火器も役に立っていると思う。 ・絵図を見ると，消防士さん以外の人たちもいるから，何かに協力しているのだと思う。	（絵図）	・火災現場の絵図を提示することで，生活経験だけに頼らずに絵図も根拠にして予想できるようにする。

❸ 板書計画

〔今日のめあて〕
市で起きた火災の様子を調べ，学習問題をつくろう。

〔調べたいこと〕
・火災が起きたとき，どうやって消すのか
・火災を防ぐためにどのような取り組みをしているのか

　市の人口の推移　　火災の件数の推移　　市で昨年起きた火災の件数と全焼した件数

↓

〔分かったこと・考えたこと〕
・市の人口が増えているのに，火災は減っている
・火災を防いできたのかもしれない
・全焼している件数はわずかだ
・すぐに消されているのだと思う

〔学習問題〕
火災を防いだり，すぐに消したりするために，だれが，どのようなことをしているのだろう。

（吉岡　泰志）

「警察署の働き」－予防に重点を置いた指導

1 目標

1 　事故や事件から地域の安全を守る働きについて，関係機関が相互に連携して緊急時に対処する体制をとっていることや，地域の人々と協力して事故や事件の防止に努めていることを理解するとともに，見学・調査したり資料などで調べたりして，まとめる技能を身に付ける。
2 　関係機関や地域の人々の諸活動を捉え，相互の関連や従事する人々の働きを考え，表現する。
3 　意欲的に問題解決に取り組み，事故や事件から地域の安全を守る働きについて学んだことをもとにして，地域や自分自身の安全を守るために自分たちにできることを考えようとしている。

2 指導のアイデア

📖❶「見方・考え方」の働かせ方

・つかむ場面では，事故や事件のニュース映像を視聴することで，事故や事件が日々起きていることに気付かせ，市で起きている事故や事件に関心をもたせる。ここで，市の人口の推移とともに市内で発生した事故や事件の件数の推移を提示し，事故や事件が減少してきた事実を時間軸で捉えさせることで，事故や事件を防ぐ働きに着目して学習問題をつくることができるようにする。
・調べる場面では，学区域の事故防止や防犯に関連する施設・設備を調査する活動を取り入れる。この活動を通して，道路標識や信号機が道路交通法等の関係法規に基づいて設置されていることを理解させるとともに，調査

したことを地域安全マップ上にまとめることで、危険箇所にガードレールや防犯カメラ等の設備が計画的に設置されていることを空間的に捉えられるようにする。

📖❷「主体的・対話的で深い学び」を実現させるために

・いかす場面では、身近な学区域で事故が多い場所を事例地として取り上げて、事故を減らすための取り組みを具体的に考えさせる。調べた事実から関係機関の働きに目を向けるだけでなく、自分たちにできることについても視点を広げて検討することで、よりよい社会の形成にいかす社会参画のきっかけにしたい。

3 知識の構造図

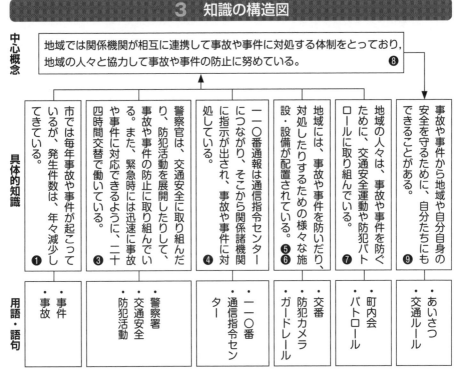

中心概念：地域では関係機関が相互に連携して事故や事件に対処する体制をとっており、地域の人々と協力して事故や事件の防止に努めている。❽

具体的知識：
- ❶ 市では毎年事故や事件が起こっているが、発生件数は、年々減少してきている。
- ❸ 警察官は、交通安全に取り組んだり、防犯活動を展開したりして、事故や事件の防止に取り組んでいる。また、緊急時には迅速に事故や事件に対応できるように、二十四時間交替で働いている。
- ❹ 一一〇番通報は通信指令センターにつながり、そこから関係諸機関に指示が出され、事故や事件に対処している。
- ❺ 地域には、事故や事件に対処したりするための様々な施設・設備が配置されている。
- ❼ 地域の人々は、事故や事件を防ぐために、交通安全運動や防犯パトロールに取り組んでいる。
- ❾ 事故や事件から地域や自分自身の安全を守るために、自分たちにもできることがある。

用語・語句：
- 事件・事故
- 警察署・交通安全・防犯活動
- 通信指令センター・一一〇番
- ガードレール・防犯カメラ・交番
- 町内会・パトロール
- あいさつ・交通ルール

（注）❷は学習問題について予想や学習計画を立てる時間のため、具体的知識はない。

4　指導計画（9時間扱い）

	主な学習活動・内容	資料	指導上の留意点
学習問題をつかむ (2)	❶日々事故や事件が発生していることに気付き、地域で起きている事故や事件について調べ、学習問題をつくる。 　市で起きた事故や事件の様子を調べ、学習問題をつくろう。 ・市の人口は増えているのに、事故や事件の数は減ってきている。 　学習問題　事故や事件から私たちの安全を守るために、だれが、どのようなことをしているのだろう。 ・警察官がパトロールしてくれている。 ・地域の人が見守ってくれている。 ❷予想をもとに、学習計画を立てる。 ・警察官の働きや110番の仕組みを調べる。 ・町の施設や設備について調べる。 ・地域の人々の働きについて調べる。 ・自分たちができることについて考える。	◇事件・事故（ニュース映像） ◇市の人口と事故や事件の件数の推移（グラフ）	・ニュース映像から、日々事故や事件が起きていることに気付かせ、地域で起こる事故や事件の様子に関心をもたせる。 ・個人で予想を書く。 ・各自が考えた予想を整理し、学習計画を立てる。
調べる (5)	❸警察官の働きについて調べる。 　警察官はどのような働きをしているのだろう。 ・地域で交通安全の呼びかけをしたり、事故や事件の捜査をしたりしている。 ・緊急時に迅速に対処することができるように、24時間交替で働いている。 ・道案内や高齢者世帯の巡回もしている。 ❹110番通報によって、関係諸機関にどのよう	◇警察官の話（ゲストティーチャー） ◇関係機関	・警察官の働きについては、高齢者世帯の巡回など、地域の安全な生活を維持するために幅広い活動を行っていることにも気付かせたい。 ・119番通報での

	に連絡が伝わるのか調べる。 　　110番通報はどのような仕組みになっているのだろう。 ・関係諸機関に指示が出され，連携して事故や事件に対処できる体制が整えられる。	（絵図） ◇110番通報の仕組み（映像）	情報伝達をもとに，110番通報の仕組みについて考えさせる。
	❺❻地域の交通安全や防犯に関わる施設・設備について調べ，地図にまとめる。 　　地域にはどのような交通安全や防犯に関連する施設，設備があるのだろう。 ・市の全域に警察署や交番がある。 ・道路には法律に基づいて道路標識などが設置されている。	◇市内の警察署と交番の配置図（市の白地図） ◇地域安全マップ（調査活動）	・地域安全マップは，危険箇所等が明記された学区域図に施設・設備について調査した情報を加えて作成する。
	❼地域の人々の働きについて調べる。 　　地域の人々にはどのような働きがあるのだろう。 ・自治会では交通安全や防犯の取り組みを呼びかけたり，パトロールをしたりしている。	◇自治会長さんの話（ゲストティーチャー）	・地域の人々が協力しながら活動していることをつかむようにする。
まとめる(1)	❽調べたことを整理し，学習問題についての自分の考えをまとめる。 ・地域では関係機関が相互に連携して事故や事件を防ぐための取り組みをしており，迅速に事故や事件に対処する体制が整えられている。	◇これまで調べたことをまとめたノート等	
いかす(1)	❾〇〇交差点の事故を減らすために，どのようなことができるかを考える。【本時】 ・事故を減らすためには，施設を整えたり，注意を呼びかけたりする取り組みが考えられる。	◇地域安全マップ ◇〇〇交差点の写真と事故の種類（写真・動画）	・学区域から事例地点を選んで，具体的に考えさせるようにする。

5　本時の学習指導案（9／9時間）

❶ ねらい

事故や事件から地域の安全を守る働きについて学んだことをもとにして，○○交差点での事故を減らすために，どのようなことができるか考えることができる。

❷ 展開

主な発問・指示／予想される反応	資料	指導上の留意点
①学区域で最も事故が多い場所はどこでしょうか。 ・地域安全マップで，赤い色で塗られているので，△△通りの○○交差点。 ②○○交差点で起きる事故は多いですが，事故を減らすことはできないでしょうか。 ・警察や地域の人々の働きで市の事故は減ってきていることが分かったので，○○交差点での事故も減らす方法があると思う。 ③今日のめあてを確認しましょう。	◇地域安全マップ ◇○○交差点（写真）	・第5・6時で作成した地域安全マップをもとに，学区域で事故が多い場所に着目することで，本時の活動に必然性をもたせる。
○○交差点での事故を減らすために，どのようなことができるか考えよう。		
④それでは，めあてについて考える前に，○○交差点でどのような事故が多いのか，警察の方に取材してきたので，確かめましょう。 ・見通しが悪いので，車同士が接触することが一番多く，歩行者に気付かずに小学生やお年寄りが事故に遭いそうになったこともある。 ⑤事故を減らすために，どのようなことができるか，これまでの学習や調べたことをもとにしながら話し合いましょう。 ・○○交差点は見通しが悪いのに，カーブミラ	◇○○交差点で多い事故の種類について（警察官への取材映像）	・話し合いが抽象的な対策を出し合うものにならないように，児童には具体的な情報を可能な範囲で示すとよい。

ーとガードレールが1か所にしか設置されていないので，それを増やすと自動車を運転する人も歩行者も安全だと思う。
- 私たちや町の人たちも注意して横断した方がよいと思うので，ポスターを作って，学校や公民館，○○交差点に貼ったらよいと思う。
- ○○交差点の前に，ドライバーに注意を呼びかける看板を作ればいいと思う。

⑥○○交差点での事故を減らすために，どのようなことができるか，考えたことをまとめましょう。
- ○○交差点での事故を減らすには，事故を防ぐための施設を整えたり，交差点を通る人たちに注意を呼びかけたりする方法が考えられる。

- 児童が話し合ってまとめた内容を手紙にして警察官や町内会の方に伝えたり，ポスターを描いて地域に貼ったりする活動につなげてもよい。

3年 事故を防ぐ

3 板書計画

〔今日のめあて〕
○○交差点での事故を減らすために，どのようなことができるか考えよう。

地域安全マップ

〔○○交差点でどんな事故が多いか〕
- 見通しが悪いので，車同士の事故が多い
- 小学生やお年寄りにとっても危険である

〔どのようなことができるか〕
- カーブミラーとガードレールを増やす
- ポスターを作って，学校や公民館，○○交差点に貼る
- ドライバーに注意を呼びかける看板を作る

〔まとめ〕
事故を減らすためには，施設を整えたり，注意を呼びかけたりする取り組みが考えられる。

（吉岡　泰志）

2章　社会科「重点単元」授業モデル

5 市の様子の移り変わり

「市を対象にした移り変わり」の指導

1 目標

1. 市の様子の移り変わりについて、市や人々の生活の様子は、時間の経過に伴い、移り変わってきたことを理解するとともに、聞き取り調査をしたり地図などの資料で調べたりして、年表などにまとめる技能を身に付ける。
2. 交通や公共施設、土地利用や人口、生活の道具などの時期による違いなどの知識をもとに、市や人々の生活を捉え、それらの変化を考え、表現する。
3. 意欲的に問題解決に取り組み、地域社会に対する誇りと愛情、地域社会の一員としての自覚をもつようになる。

2 指導のアイデア

❶「見方・考え方」の働かせ方

- 本小単元は「歴史と人々の生活」に区分される内容で、いわば社会科で一番最初に時間的な見方・考え方を十分に働かせることができる学習となる。そこで、市や人々の生活の様子が移り変わってきたことを、変化として捉えることができるようにすることに重点を置く。この地域では、変化を捉えやすい「約100年前」「約50年前」「今」の3つの時期を設定する。そして、各時期の交通、公共施設、土地利用、人口を観点にして具体的に調べ、一覧の年表に整理する。
- いかす場面では、再度人口に着目して、現在も増加していることを捉える。その上で、今後は人口減少や少子高齢化が予想されていることを提示して、

これからの市の発展やあり方を考えさせるようにする。

❷「主体的・対話的で深い学び」を実現させるために

・いかす場面において，これからの市の発展やあり方について，それまでの学習で学んだことをもとに自分なりの考えをもつことができるようにする。その上で，根拠を明らかにし，友だちと討論できるようにする。

3 知識の構造図

4　指導計画（13時間扱い）

	主な学習活動・内容	資料	指導上の留意点
学習問題をつかむ(2)	❶❷市の人口について調べ，増加の理由について考える。 ・約100年前，約50年前，今の人口が，合併して増加している。 ・明治，大正，昭和，平成という言い方を元号と言う。 ・航空写真や地図から，鉄道や道路，公共施設，土地利用の変化について大まかに読み取る。 　学習問題　市の人口が増えてきたのはなぜだろう。 ・航空写真や地図をもとに，理由を考え，学習計画を立てる。	◇人口の推移を表すグラフ ◇年号を表す年表 ◇市の航空写真や地図 ◇一覧年表カード	・25年ごとの人口推移と合併の時期を示すことで，人口増加と市の拡大を結び付けられるようにする。 ・資料を提示することで，具体的に予想できるようにする。 ・調べた内容はカードに記述させる。
調べる(8)	❸❹交通の様子について調べる。 ・鉄道が整備され，新たな路線や駅がつくられた。 ・道路も整備され，道が増え，大きな通りがつくられた。	◇市の航空写真や地図 ◇路線図 ◇道路地図	・駅のまわりや幹線道路沿いに注目させ，様子の変化を捉えることができるようにする。
	❺❻公共施設について調べる。 ・図書館，公民館などの公共施設が計画的に建設された。 ・場所を変えて移築されたり，建て替えられたりした建物もある。 ・学校の沿革史から，大まかな歴史を読み取る。	◇市の年表や沿革 ◇学校の沿革	・移築されたり，建て替えられたり，新築されたりして，変化が捉えやすい施設を取り上げる。 ・学校の沿革も取り扱うようにする。

	❼❽土地利用について調べる。 ・住宅開発として，住宅団地や新興住宅地がつくられた。 ・工業団地の建設が進み，工場が集まる地域がつくられた。	◇住宅団地や新興住宅地，工業団地の沿革	・「市の様子」で扱った工場が集まっているところなど，既習を生かせるようにする。
	❾❿昔の道具について調べる。 ・電化製品が普及する前は手作業で家事をしていた。 ・普及したことで，家事にかかる時間が短くなった。現在の道具とは異なる形状や構造をしていたり，今も使われている道具もある。 ・道具から生活の様子について考える。	◇昔の道具の実物資料 ◇昔の道具事典 ◇現在の道具の写真資料	・電化される前と後の違いが明らかな道具を用いることで，変遷について考えることができるようにする。
まとめる(1)	⓫学習問題についての学級の結論をまとめる。 ・自分なりの結論を考え，学級の結論について話し合う。	◇一覧年表カード	・カードなどをもとにして，自分なりの結論を考えられるようにする。
	学習問題についての学級の結論　市の人口が増えたのは，合併しただけでなく，鉄道や道路が整えられたり，公共施設が建設されたり，住宅地や工業団地がつくられたりしたから。そして，市の様子が変わってきた。さらに電化製品も多く使われるようになり，人々の生活の様子も変わってきていて，今の生活はその続きになっている。		
いかす(2)	⓬⓭今後の人口推移や市が抱える問題について調べる。【本時⓬】 ・自分なりの考えをもち，友だちと討論する。 ・人口減少や少子高齢化が予想されていて，市は成長戦略を作成し，実施している。	◇今後の人口推移の見通しと人口構成の変化のグラフ ◇成長戦略	・10年後，20年後の市の発展やあり方について，自分なりの考えをもつことができるようにする。

5　本時の学習指導案（12／13時間）

📖❶ ねらい

　人口減少や少子高齢化などの地域に見られる課題に対して，これからの市の発展やあり方を考え，表現することができる。

📖❷ 展開

主な発問・指示／予想される反応	資料	指導上の留意点
①10年後の人口は，どのようになっているでしょうか。 ・現在と同じように増え続けている。 ・もう変わらない。 ②10年後は今と同じように増えています。では，20年後はどうでしょうか。 ・現在と同じように増え続けている。 ・もう変わらない。減り始めている。 ③実は15年後には減り始めます。もう一つのグラフから分かることはどんなことですか。 ・15歳より下の人は，減っている。 ・65歳より上の人は，増えている。 ④そのことを，少子化，高齢化と言います。今日のめあてを確認しましょう。	◇今後の人口推移の見通しのグラフ ◇人口構成の変化のグラフ	・第1時を振り返り，人口の増加が市の発展につながっていることを押さえる。 ・理由を問うことで，これまでの学習を生かして取り組むことができるようにする。 ・2つのグラフから読み取ったことを，比較したり，関連付けたりして考えられるようにする。
ますます市が発展していくために，どんなことが必要だろうか。		
⑤これまで学習したことから，自分の考えをノートに書きましょう。 ・新しい駅をつくる。　・バスを増やす。 ・バス停を増やす。 ・高齢者が使いやすい施設に変える。 ・住宅団地を建て替えたり，スーパーマーケッ	◇学級の結論 ◇一覧年表カード	・既習をもとに，自分の考えを具体的に記述できるようにする。

トの近くにつくったりする。 ⑥友だちと意見交換して，よりよい方法を考えましょう。なぜそう考えたのか，理由も伝えましょう。 ⑦今後の市が発展するために，よりよい考えをノートに書き，本時を振り返りましょう。 ⑧次時は市の取り組みについて調べましょう。		・自分と友だちの考えの同じところ，違うところを明らかにして，意見交換できるようにして，よりよい考えに導くことができるようにする。

3 板書計画

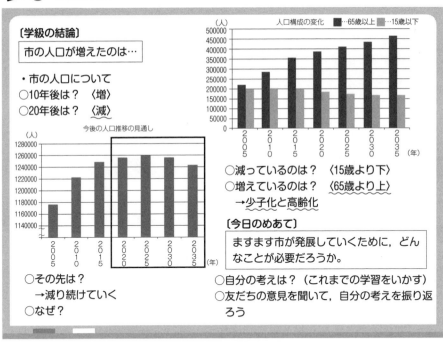

（矢島　弘一）

小単元 6 県の様子

「県の地理的環境の概要」を捉えさせる指導

1 目標

1 自分たちの県の地理的環境の概要と47都道府県の名称と位置を理解するとともに、地図帳や各種の資料で調べ、白地図にまとめる技能を身に付ける。
2 わが国における自分たちの県の位置、県全体の地形や主な産業の分布、交通網や主な都市の位置などに着目して、県の様子を捉え、地理的環境の特色を考えて表現する。
3 県の様子について、学習問題を追究・解決する活動に取り組み、地域社会に対する誇りと愛情を養うようにする。

2 指導のアイデア

❶「見方・考え方」の働かせ方

・県全体の地形の様子や産業の分布、交通網や主な都市の様子などを、それぞれ白地図にまとめさせる。特に地形の様子は①地形のふちを色鉛筆でなぞる、②なぞった内側を着色する、といった手順で活動をさせることで、地形の範囲が捉えられるようにしていく。
・農作物や工業製品の位置を透明なシートに印刷し、地形や交通網の様子を表す地図と重ね合わせ、「農作物と地形には関係があるのだろうか。」などと問うことで、それぞれの学習内容を関連付けて考えられるようにしていく。
・47都道府県の名称と位置については、「近くの道路や鉄道などは、県外のさらにどこまでつながっているのだろうか。」などと問い、地図帳などを

活用することで，理解が広げられるようにしていく。

❷「主体的・対話的で深い学び」を実現させるために

・調査した事実から県の様子を捉えて考えていることが分かるように，白地図から理由や根拠を明確にして考えを話し合えるようにする。
・県の特色を適切に述べる活動の後に，「○○で△△な□□県」など，県の様子を短い言葉で端的に言い表し，発表し合う活動などを通して，県に対する自分の考えや思いを表現させたい。

3　知識の構造図

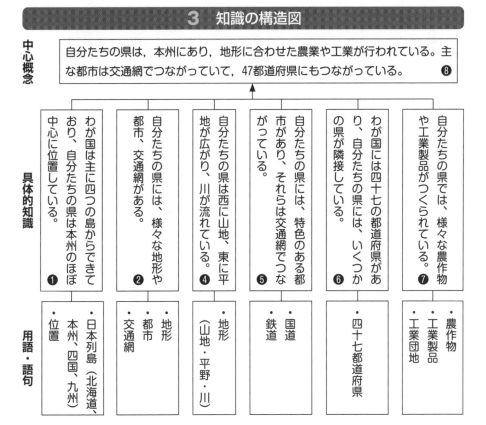

中心概念：自分たちの県は，本州にあり，地形に合わせた農業や工業が行われている。主な都市は交通網でつながっていて，47都道府県にもつながっている。❽

具体的知識：
❶ わが国は主に四つの島からできており，自分たちの県は本州のほぼ中心に位置している。
❷ 自分たちの県には，様々な地形や都市，交通網がある。
❹ 自分たちの県は西に山地，東に平地が広がり，川が流れている。
❺ 自分たちの県には，特色のある都市があり，それらは交通網でつながっている。
❻ わが国には四十七の都道府県があり，自分たちの県には，いくつかの県が隣接している。
❼ 自分たちの県では，様々な農作物や工業製品がつくられている。

用語・語句：
・位置
・日本列島（北海道、本州、四国、九州）
・地形
・都市
・交通網
・地形（山地・平野・川）
・鉄道
・国道
・四十七都道府県
・農作物
・工業製品
・工業団地

（注）❸は，学習計画を立てる時間に充てているため具体的知識は示されていない。

4 指導計画（8時間扱い）

	主な学習活動・内容	資料	指導上の留意点
学習問題をつかむ(3)	❶日本の地形や自分たちが住む県の位置や形を調べ，気が付いたことを話し合う。 ・日本は，主に４つの島からできている。 ・海に囲まれている。　・南北に細長い。 ・自分たちの住む県は，本州のほぼ中心に位置している。 ・自分たちの住む県の形は，ある動物の形に似ている。	◇掲示用日本地図 ◇地図帳	・掲示用地図で大まかな位置を捉え，詳細は地図帳を活用させることで，県の様子に気付いていけるようにしていく。
	❷地図から自分たちが住む県について読み取り，気が付いたことを話し合い，学習問題を設定する。 　自分たちが住む県について話し合い，学習問題をつくろう。 ・様々な地形（山地，平野，川など）がある。 ・様々な都市があり，交通網がある。 ・賑やかな都市だけでなく，自然が豊かな都市もある。 ・いろいろなものがつくられている。 　学習問題　自分たちが住む県は，どのような県なのだろうか。	◇自分たちが住む県（地図） ◇土地の様子，主な都市（写真）	・地図をもとにして，地形の様子や都市の位置が読み取れるようにする。 ・自分たちが住む県が，どのような県であるのかという疑問がもてるようにしていく。
	❸これまでの学習をもとに予想を出し合い学習計画を立てる。 ・土地や産業の様子 ・都市や交通網の様子 ・調査する内容と順番，資料　など	◇自分たちの住む県の地図	・予想を分類することで，調べるべきことを整理できるようにしていく。
	❹地図をもとに自分たちが住む県の土地の様子について調べ，それぞれの範囲や位置を白地図にまとめる。	◇地図帳 ◇白地図 ◇地形の様子	・地形の範囲や大きな川，湖やダムの位置を押さ

	自分たちが住む県の土地の様子を調べよう。	（写真）	えられるようにしていく。
調べる(4)	❺主な都市の位置と交通の様子について調べ，それぞれの位置やつながりを白地図にまとめる。 自分たちが住む県の主な都市と交通の様子を調べよう。 ・特色のある都市がある。 ・交通網が都市と都市をつなげている。	◇地図帳 ◇白地図 ◇主な都市や交通網の様子（写真）	・伝統や文化を守っている都市や，特色のある地域を押さえる。
	❻道路や鉄道は県境を越えてどこまで，どのようにつながっているのかを調べ，ワークシートにまとめる。 道路や鉄道は，どこまでつながっているのか調べよう。 ・県境を越えると，違う都道府県になる。 ・沖縄県以外の46都道府県につながっている。	◇自分たちが住む県とその周り（地図） ◇日本地図 ◇ワークシート	・交通網をもとにして，47都道府県の名称と位置が理解できるようにしていく。
	❼県内のどこでどのような農作物や工業製品がつくられているのか調べ，考えたことを発表する。　　　　　　　【本時】 県内では，どこでどのような農作物や工業製品がつくられているか調べよう。 ・地形に合わせて農作物がつくられている。 ・伝統的な工業製品や工業団地がある。 ・県内で生産したものは他の県に運ばれている。	◇地図帳 ◇白地図 ◇農作物や工業製品が他の県で売られている様子（写真）	・これまでにまとめた白地図と資料を関連付け，県の産業の様子について考えられるようにする。
まとめる(1)	❽調べたことを整理し，学習問題に対する自分の考えをまとめ，発表する。 ・自分たちが住む県は，西に山地，東に平野があり地形を生かした農業や昔ながらの工業が行われ，様々な都市は交通網でつながっている。 ・ゆたかな自然と伝統を全国に伝えるわが県	◇これまで調べてきた白地図やノート	・文章や短い言葉で端的にまとめるなどして，県の地理的環境の概要を理解する。

4年　県の様子

5 本時の学習指導案（7／8時間）

📖① ねらい
自分たちが住む県の産業の様子について調べ，土地の様子や交通網と関連付けて考えることができる。

📖② 展開

主な発問・指示／予想される反応	資料	指導上の留意点
①自分たちが住む県では，どのようなものがつくられていますか。 ・野菜や果物　・昔からつくられているもの ・自動車の部品　など ②それらはどこでつくられているのでしょうか。また，つくられたものは，どうなるのでしょうか。今日のめあてを確認しましょう。	◇県内の産業の様子（地図） ◇白地図	・農作物と工業製品とを分けて板書することで，整理することができるようにする。 ・これまでの学習と生活経験を振り返ることで，県内でつくられているものについて関心が高められるようにしていく。
県内では，どこでどのような農作物や工業製品がつくられているか調べよう。		
・野菜は水があるところでつくられている。 ・昔からつくられている有名なものは，全国で売られていると思う。 ・道路や鉄道で運んでいるのではないかな。 ③農作物の様子について調べてみましょう。地図を見て，気が付いたことを発表しましょう。 ・お米や葱がつくられている。 ・蒟蒻芋がつくられている。 ④それらの野菜は，地形と何か関係があるのでしょうか。また，そのような関係には，何か理由があるのでしょうか。地形の様子を表す地図の上にシートを重ねて，考えたことを話し合ってみましょう。	◇県内の農作物の様子（地図） ◇蒟蒻芋（実物） ◇地形（白地図） ◇農作物の様子（透明な	・地図で農作物の種類や分布を調べ，これまでに調べてきた地形の様子を重ね合わせる作業を通して，農作物と地形の関係やその場所でつくられている理由について考えることができ

68 〈4年〉

・川が流れている平野でお米や葱がつくられている。蒟蒻芋は山地でつくられている。 ・それらの野菜は、地形に合わせてつくられているのだと思う。 ⑤工業製品の様子について調べてみましょう。地図を見て気が付いたことを発表しましょう。 ・ひな人形や鯉のぼりなど、昔からつくられているものがある。 ・自動車など最新の製品をつくっている。 ・たくさんの工場が集まっているところがある。 ⑥工業製品は、そこでつくられた後、どうなるのでしょうか。主な交通網の様子を表すシートを重ねて、考えたことを話し合いましょう。 ・近くの都市で売られる。 ・道路や鉄道で全国に運ばれる。 ⑦この時間のめあてについてまとめましょう。 ・自分たちが住む県では、土地に合わせてつくられた農作物や様々な工業製品が、全国各地に運ばれて、販売されている。	シート） ◇県内の工業の様子（地図） ◇交通網（透明なシート） ◇日本地図 ◇農作物や工業製品が他の県で売られている様子（写真）	るようにしていく。 ・地図で工業製品の種類や分布を調べ、これまでに調べてきた交通網の様子を重ね合わせる作業を通して、それらの工業製品がつくられた後、どのようになるのかについて考えることができるようにしていく。 ・農作物と工業製品についてまとめられるようにしていく。

📖❸ 板書計画

〔今日のめあて〕
県内では、どこでどのような農作物や工業製品がつくられているだろうか。

〔考えたこと〕
・土地に合わせてつくられている
・道路や鉄道を使って近くの都市や全国へ運ばれている

地図 （農作物）	〔気付いたこと〕 ・米　・ねぎ ・こんにゃくいも	白地図とシート （土地の様子と農作物）
地図 （工業製品）	・昔からのもの ・最新のもの ・工業団地	白地図とシート （工業製品と交通網）

〔まとめ〕
土地に合わせてつくられた農作物や様々な工業製品が、全国各地に運ばれて、販売されている。

（北川　智之）

7 地震から人々を守る活動

「地震・津波」を取り上げた自然災害の指導

1　目標

1　地震からくらしを守るために関係機関や地域の人々は協力して活動に取り組んでいることや，関係諸機関が相互に連携して非常時に対処する体制を整えていることを理解するとともに，聞き取り調査や資料を活用することで課題に対して調べ，まとめる技能を身に付ける。
2　安全を守るための関係諸機関の働きや，地域の人々の工夫や努力を地域の人々の生活と関連付けて考え，適切に表現する。
3　意欲的に問題解決に取り組み，学習したことから，どのように災害から身を守るか，今後の社会生活に生かそうとする態度を養うようにする。

2　指導のアイデア

❶「見方・考え方」の働かせ方

・学習問題をつかむ場面では，東日本大震災後につくられた津波避難タワーの写真を提示する。場所（海沿い）や建設年（東日本大震災後）を提示することで，地図帳や年表からその役割を推測させる。位置や空間的な視点，時期や時間の経過に関する視点という2つの見方・考え方を働かせ，津波の避難に使うのではないかという用途を導き出すことができるようにする。
・いかす場面では，単元の導入で扱った東日本大震災の事例を提示する。これまで学習してきた内容をもとに，「そのとき自分ならどうする」という視点から，事象や事実を関連付ける見方・考え方を働かせ，自分ごととして課題について考えることができるようにする。

📖❷ 「主体的・対話的で深い学び」を実現させるために

・まとめる段階において、これまで調べた市や地域の取り組みに市民の視点を加え、地震からくらしを守るために最も大切なことをそれぞれの立場から考えさせる。グループでの話し合いを取り入れ、協働的に取り組むことで自分とは違った意見にも目を向けさせる。3つの立場を関係図にまとめる作業を通して、それぞれが連携し、協力することが防災にとって最も重要であることに気付くことが大切である。

3　知識の構造図

中心概念

宮城県や仙台市では緊急避難場所の指定や非常用食料の管理、危機管理に関する情報を発信するとともに、地域社会や消防団による防災訓練を行うことを通して、地震から人々を守ることに努めている。　❻

具体的知識

❶ 東日本大震災ではたくさんの人が被害を受け、避難所には家に戻れない多くの人々が集まってきた。

❷ 学校は避難所に指定されており食料や水などが備蓄されている。学区内には避難所に指定されている公園もある。

❸ 宮城県や仙台市では災害に備えて避難所の指定を行っている。また、ハザードマップや「防災のてびき」を作成し、市民への被害を少なくする努力をしている。

❹ 地域社会では、商店街などを中心として防災訓練を行っている。また、地域での防災活動を仙台市がサポートしている。

❺ 仙台市では、地域の人たちが消防団を組織し、日頃の訓練などを通して助け合いながら防災活動を進めている。

❼ 地震からくらしを守るには、公助・共助・自助の働きが互いに関わり合うよう進めることが大切である。

❽ 地震からくらしを守るために必要なことの中から、自分や家族にできることを考える。

用語・語句

・東日本大震災
・避難所
・自衛隊

・防災倉庫
・非常食

・ハザードマップ
・防災パンフレット

・サポート

・防災訓練
・婦人防火クラブ
・少年消防クラブ
・消防団

・公助
・共助
・自助

・家族防災会議

4　指導計画（8時間扱い）

	主な学習活動・内容	資料	指導上の留意点
学習問題をつかむ(2)	❶東日本大震災の様子を調べる。 ・震災後に津波避難タワーがつくられた。 ・ガスや電気，水道が止まり，生活が不便だった。	◇津波避難タワー（写真） ◇東日本大震災の証言集等	・震災後につくられたタワーは仙台市の取り組みの一つであることを押さえさせる。
	❷学校の防災設備や地域の避難所について調べる。 　地震への対策について話し合い，学習問題をつくろう。 ・東日本大震災の時には，たくさんの人が学校に避難し，校庭が埋め尽くされた。 ・学校には非常時に配る食料が備蓄されている。 ・学区には避難所に指定されている公園がある。 　学習問題　地震からくらしを守るために，市や地域の人々はどのようなことを行っているのだろうか。	◇東日本大震災の避難の様子（写真）	・避難所の様子から市の取り組みに気付かせる。
調べる(3)	❸地震に対する県や市の対策について調べ，市の人々の思いについて話し合う。 　地震に対して，宮城県や仙台市はどのような対策をしているのだろうか。 ・地震ハザードマップや「防災の手引き」を作成し，被害が少なくなるように努力している。	◇仙台市地震ハザードマップ ◇防災の手引き（仙台市）	・市から減災のための情報提供が行われていることに着目させる。
	❹地震に対する地域社会の対策について調べ，地域の人々の思いについて話し合う。 　地震に対して，地域社会はどのような対策をしているのだろうか。 ・商店街ごとに地震の避難訓練を行っている。 ・避難所開設のマニュアルを作るなど，仙台市が地域での防災活動をサポートしている。	◇自主防災活動の手引き（仙台市） ◇商店街の避難訓練の様子（写真）	・市が地域の防災活動をサポートしていることに気付かせる。

	❺消防団の活動について調べ，消防団の人々の思いについて話し合う。 　消防団の人々は，どのような活動をして地域を守っているのだろうか。 ・防災訓練を定期的に行ったり，防災資材の点検を行ったりしている。 ・婦人防火クラブや少年消防クラブなどの指導を行い，地域の人材を育てている。	◇せんだいくらしのマップ～コミュニティ防災センター（仙台市） ◇消防団の訓練（写真）	・消防団と市や消防署の関連や，地域社会への貢献などのつながりについて気付くように配慮する。
まとめる(1)	❻調べたことを整理し，学習問題に対する自分の考えをまとめる。 ・地震からくらしを守るため，宮城県や仙台市は必要な情報を市民に提供している。また，地域社会は商店街ごとに避難訓練を行ったり，消防団の活動を通して減災に取り組んだりしている。	◇これまで調べたノートや資料	・仙台市や地域社会ごとの取り組みを整理してまとめ，次時の活動へとつなげていく。
いかす(2)	❼県や市，地域社会の取り組みの関連について考える。　　　　　　　　　　　【本時】 　地震からくらしを守るために，最も大切なことは何か考えよう。 ・県や市と地域社会の取り組みはお互いに関連し合って行われている。それらの取り組みに市民一人一人が参加しないと減災の効果はない。 ・県や市，地域社会，個人が協力し合うことが，くらしを守るために最も大切なことである。	◇これまで調べたノートや資料 ◇ワークシート（公助，共助，自助の関連について）	・公助，共助，自助の働きがそれぞれ関連し合って初めて防災への効果が高まることを考えさせる。
	❽地震からくらしを守るために，自分でできることを考える。 　学級防災会議を開き，自分たちでできることを考えよう。 ・日頃から家族と話し合い，避難場所や連絡方法を決めておく。 ・非常用の持ち出し袋をつくり，非常食や水などを準備しておく。 ・市の発信する情報をチェックする。	◇学区地図と指定避難場所の一覧 ◇非常用持ち出し袋 ◇仙台市ＨＰ「防災災害対策」	・東日本大震災のような大きな地震が起こったとき，自分たちはどのように行動すべきかという視点を与える。

5 本時の学習指導案（7／8時間）

❶ ねらい

公助，共助，自助の働きについてまとめ，互いに連携し，協力し合うことが地震からくらしを守る上で重要であることを考えることができる。

❷ 展開

主な発問・指示／予想される反応	資料	指導上の留意点
①これまで学習してきた地震からくらしを守るための取り組みにはどのようなものがありましたか。 ・宮城県や仙台市の取り組み，防災の手引き，地震ハザードマップ，地域防災活動の支援等 ・地域の取り組み，商店街の避難訓練，消防団等 ②今日のめあてを確認しましょう。	◇地震ハザードマップ（仙台市） ◇避難訓練の様子(写真)	・これまで学習した内容を公助，共助，自助に分けて整理し，次の学習活動へとつなげる。
地震からくらしを守るために，最も大切なことは何か考えよう。		
③県や市，地域社会，市民の３つの立場から，それぞれくらしを守るために大切なことを考え，グループごとに話し合いましょう。 ・県や市は市民の安全を守ることを第一に考えて情報を発信しなくてはいけない。 ・地域の防災訓練は，市と協力して行う必要がある。 ・市民は県・市や地域の防災訓練に進んで参加することで被害を最小限に抑えることができる。	◇考えを記入するためのカード（付箋紙等）	・学級を３つのグループに分け，友だちと協働して話し合わせる。 ・県や市，地域社会，市民がそれぞれ公助，共助，自助に当たることを踏まえて指導する。
④立場ごとに話し合った意見を全体の場で発表することで交流し，図にまとめましょう。 ・地域は県・市の協力を得て避難訓練を行った	◇三者の関連を表すワークシート	・拡大したワークシートに各グループの意見を貼り付けながら

り防災活動の計画を立てたりしている。 ・市民は地域の避難訓練に参加することで互いに連携しながら防災に努めている。 ・市民は被害を最小限に抑えるために市の発信する防災情報を確認している。 ・県や市と地域と市民はそれぞれ関わり合っている。 ⑤地震からくらしを守るために最も大切なことは何か，個人でまとめましょう。 ・地震からくらしを守るために最も大切なことは，県や市と地域と市民が互いに協力・連携して防災活動を進めていくことである。 ⑥次時の予告を聞く。 ・次時では自分でできることは何かを考える。	◇ノート（個人）	全体をまとめていく。 ・県や市，地域社会，市民とも双方向に関わりがあることに気付かせ，連携の大切さを理解させる。 ・本時で話し合ったことを関連付けて自分のことばでまとめさせる。 ・次時では東日本大震災のような地震が起こったら，という視点で考えることを知らせる。

📖❸ 板書計画

〔今日のめあて〕
地震からくらしを守るために，最も大切なことは何か考えよう。

〔調べたこと〕

国 → 県・市
自衛隊
補助・連携　訓練の　情報提供
　　　　　　サポート
　　　　　　情報の確認
地域社会　人材の育成　市民
　　　　　避難訓練への参加

〔考えたこと〕
・地域は市の協力を得て避難訓練を行ったり防災活動の計画を立てたりしている。
・市民は地域の避難訓練に参加することで互いに連携しながら防災に努めている。
・市民は被害を最小限に抑えるために市の発信する防災情報を確認している。
・県や市と地域と市民はそれぞれ関わり合っている。

〔まとめ〕
地震からくらしを守るために最も大切なことは，県や市と地域と市民が互いに協力・連携して防災活動を進めていくことである。

（井上　竜一）

8 土砂くずれから人々を守る活動

「土砂くずれ」を取り上げた自然災害の指導

1 目標

1 自然災害から人々を守る活動について、地域の人々や関係機関は、自然災害に対し様々な協力をして対処してきたことや、今後想定される災害に対し、様々な備えをしていることを理解するとともに、聞き取り調査をしたり地図や年表などの資料で調べたりして、まとめる技能を身に付ける。
2 過去に発生した地域の自然災害、関係機関の協力などの知識をもとに、災害から人々を守る活動を捉え、その働きを考え、表現する。
3 意欲的に問題解決に取り組み、よりよい社会を考え学習したことを社会生活に生かそうとする態度を養うようにする。

2 指導のアイデア

❶「見方・考え方」の働かせ方

・土砂災害直後だけではなく、以前の様子や1年後の様子を写真で提示したり、年表を活用したりすることで、時間の経過に着目させ、災害復旧だけにとどまらず、その後の災害対策にまで目を向けさせる。
・まとめの段階で、関係図に①大島町(役場、警察署、消防署、消防団)②東京都(消防庁、海上保安庁)③国(自衛隊)などの関係機関を位置付け、関係機関が協力し役割を分担しながら取り組んでいることに、話し合いを通して気付かせていく。

📖❷ 「主体的・対話的で深い学び」を実現させるために

- 調べる段階では，関係機関の対処や備えに対する人々の思いや願いについて話し合う時間を設定し，その取り組みの意図や目的に気付かせていく。
- 調べた事実と話し合いによって気付かせた意図や目的について，一人一人にまとめを書かせる活動を取り入れていくことで，事実と話し合ったことを再構成させ，考えをさらに深めていくことができる。

3　知識の構造図

中心概念：地域の人々や関係機関は，自然災害に対し様々な協力をして対処してきたことや，今後想定される自然災害に対し様々な備えをしている。❽

具体的知識：

❶ 東京都大島町では，台風によって起きた土砂災害によって多くの死傷者が出たり建物が壊れたりして，大きな被害があった。

❷ 東京都大島町では，土砂災害発生後多くの人や関係機関の支援があった。

❹ 大島町役場の援助要請，消防団や警察署による救助活動などが行われた。

❺ 災害発生時には，人々の命を救うために，国や東京都の関係機関が互いに協力しながら，物資や避難者の輸送や災害復旧が行われた。

❻ 大島町の災害発生から一年後には，今後予想される土砂災害に対して，様々な備えをしている。

❾ 東京都全域では，過去に様々な種類の自然災害が各地で起きている。

❿ 今後想定される身近な地域の自然災害に対する避難方法や，非常時持ち出し品などの備えをすることが大切である。

用語・語句：

- 大島町
- 平成二十五年台風二十六号

- 復旧に携わった人々（一万五千人）

- 大島町役場
- 消防団や警察署

- 海上保安庁
- 自衛隊
- 警視庁、東京消防庁

- ハザードマップ
- 土砂災害特別警戒区域

- 風水害
- 地震

- 避難の仕方
- 非常時持ち出し品

（注）❸は，学習計画を立てる時間に充てているため具体的知識は示されていない。
　　　❼は，調べたことを関係図に整理する時間に充てているため具体的知識は示されていない。

4　指導計画（10時間扱い）

	主な学習活動・内容	資料	指導上の留意点
学習問題をつかむ (3)	❶大島町の土砂災害の様子や概要について調べる。 ・平成25年10月の台風26号による豪雨で，土砂災害が発生した。 ・本州の最も近くに位置し，周囲を海に囲まれ台風の通り道に位置する。 ・死傷者約61名，建物の被害400件。	◇大島町の土砂災害の様子（写真・VTR） ◇東京都の地図（地図帳） ◇台風の進路図	・土砂災害のVTRや写真から，自然災害の怖さを実感できるようにする。
	❷大島町の土砂災害について調べ，学習問題を設定する。【本時】 　東京都大島町の土砂災害について調べ，学習問題をつくろう。 ・救助や復旧活動を行っている。 ・町役場の応援要請で延べ20000人がやってきた。（大島町人口8365人（平成25年9月末時点）） ●調べていくことを整理し，学習問題を設定し，予想を立てる。 ・災害後どうやって立て直したのだろう。 ・誰が災害から人々を助けたのだろう。 　学習問題　大島町の土砂災害が起きた後，だれがどのようなことをしているのだろうか。	◇土砂災害（前・直後・1年後）の様子（写真） ◇関係機関の応援者数と大島町の人口	・災害が起きる前と後を比較し，対処だけではなく備えや対策にも着目させる。
	❸予想を出し合い，学習計画を立てる。 ・大島町役場　・消防　・警察 ・自衛隊　・東京都　・国　・地域住民	◇大島町災害への対処の年表	・「誰が」に着目し予想させる。
	❹土砂災害発生時の対応について調べ，復旧に携わった人の思いを話し合う。 　土砂災害発生時，だれがどのような取り組みをしているのだろうか。 ・大島町役場⇒対策本部を設置 ・消防団，警察署⇒救助，避難誘導など	◇大島町役場・消防団・警察署の災害への対処	・町役場を中心とした連携に着目させる。

	学習活動	資料	留意点
調べる(3)	❺土砂災害発生直後の取り組みについて調べ，関係機関の働きを考える。 　土砂災害直後，だれがどのような取り組みをしているのだろうか。 ・警視庁　・東京消防庁　・自衛隊 ・海上保安庁 ・協力しながら連携して進めている。	◇警視庁，東京消防庁，自衛隊などの災害への対処	・大島町と都や国との連携に着目させる。
	❻土砂災害の発生1年後の取り組みを調べ，都や国の人の思いや願いを話し合う。 　土砂災害後，だれがどのような取り組みをしているのだろうか。 ・東京都⇒土砂災害特別警戒区域指定 ・大島町⇒ハザードマップ作成	◇土砂災害特別警戒区域の地図 ◇大島町ハザードマップ	・現在行われている災害への対策に着目させる。
まとめる(2)	❼調べたことを関係図に整理する。 ・大島町役場　・消防署や警察署 ・自衛隊　・東京都　・国の取り組み	◇これまで調べてきたノート	・大島町役場を中心に図にまとめる。
	❽関係図をもとに，学習問題に対する考えをまとめる。 例）国や都や町役場，地域住民が互いに協力しながら，災害復旧や救助活動をしたり，今後想定される自然災害に対する備えをしたりしながら，島の人々の命やくらしを守っている。	◇関係図 ◇年表	・大島町役場を中心とした町・都・国の連携に着目させる。
広げる(2)	❾東京都の過去とこれから想定される自然災害について調べる。 ・東京都では様々な種類の自然災害が各地で起きている。 ・過去に風水害や地震が起きている。	◇東京都災害年表と地図	・様々な種類の自然災害が各地で起きることに気付く。
	❿自分たちの地域で起こりやすい自然災害について，自分たちにできることを話し合う。 ・身近な地域で地震が起こりやすい。 ・避難場所を確認する。 ・非常時持ち出しリストを作成する。	◇身近な地域のハザードマップ ◇避難の仕方 ◇非常時持ち出しリスト	・市区町村が作成している防災対策の資料を活用する。

5　本時の学習指導案（2／10時間）

📖❶ ねらい

東京都大島町の土砂災害前とその後の様子を調べ，疑問を整理して学習問題を設定し予想を立てることができる。

📖❷ 展開

主な発問・指示／予想される反応	資料	指導上の留意点
①大島町の土砂災害の様子を振り返り，本時のめあてを確認しましょう。 ・台風26号による豪雨で，土砂災害が発生した。 ・災害が噴火による溶岩の上に土砂があり，土砂災害が起きやすい地域だった。	◇大島町の土砂災害前と災害後の様子（写真）	・前時を振り返り，学習問題を設定する段階であることを確認する。
東京都大島町の土砂災害について調べ，学習問題をつくろう。		
②大島町の土砂災害直後と1年後の様子から，どのようなことが行われていたか考えましょう。 ・救助活動をしている。 ・道路に流れ出た土砂や木を取り除いている。 ・これからどうするか会議をしている。 ・堤防のようなものを造っている。	◇土砂災害から1年後の町の様子（写真） ◇災害後の復旧活動・救助活動・対策会議・砂防施設の様子（写真）	・災害前・直後・1年後の写真を提示することで，災害後の取り組みに目を向けさせる。
③島内外の復旧活動の参加人数を調べてみましょう。 ・島内では145人が活動していた。 ・島の人口は，当時8365人。 ・島外からの応援者数は，約20000人。 ・多くの人たちによって，大島町は助けられた。	◇島内外の復旧活動に関わった人数と大島町の人口（グラフ）	・関係機関の人数と大島町の人口を比較することで，多くの人の支援があったことに気付かせる。
④災害時の応援の様子からどのような人がいる		

のか考えてみましょう。 ・消防士，警察官，自衛隊員，救急隊員。 ・消防団，町役場の人もいるのかな。	◇災害時の応援の様子（写真）	・様々な関係機関の写真から，人に着目させる。
⑤土砂災害後，誰がどのようなことをしているのでしょうか。		・「誰が」「何をした」かを調べていくことを確認する。
学習問題　大島町の土砂災害が起きた後，だれがどのようなことをしているのだろうか。		
⑥「誰が」「どのようなことをしているか」予想を学習感想に書きましょう。 消防士・消防団員　救助活動やけがをした人たちを運んでいた。 警察官　道路がふさがれたから交通整理をした。 自衛隊員　大きな土砂の処理や救助活動を行った。 町役場の人　避難者の手助けをしていた。 関係する人々全員　話し合いながら協力して行った。		・「誰が」「どのようなこと」を視点に予想を書かせる。

4年　土砂くずれから人々を守る活動

❸ 板書計画

〔今日のめあて〕
東京都大島町の土砂災害について調べ，学習問題をつくろう。

土砂災害直後の様子　→　災害後の様子　→　土砂災害の1年後の様子

救助活動　復旧活動　対策会議　砂防ダム

〔考えたこと〕
・救助活動をしている
・道路に流れ出た土砂や木を取り除いている
・これからどうするか会議をしている
・堤防のようなものを造っている

〔応援活動の人数〕
・島内⇒145人（人口：8365人）
・島外⇒約20000人

救助活動の様々な人々の様子　→　・消防士　・警察官　・自衛隊員　・救急隊員

〔学習問題〕
大島町の土砂災害が起きた後，だれがどのようなことをしているのだろうか。

（佐藤　智彦）

9 白壁土蔵群を受けつぐ人たち

「文化財・年中行事」を取り上げた指導

1 目標

1 郷土の文化財や年中行事は地域の人々に受け継がれてきたことや，それらには地域の発展など人々の様々な願いが込められていることを理解するとともに，年表や各種資料で調べ，まとめる技能を身に付ける。
2 文化財の歴史的背景や現在に至る経過，保存や継承のための取り組みなどの知識をもとに，県内の文化財や年中行事を受け継ぎ，保存していこうとする人々の願いや努力を考え，表現する。
3 意欲的に問題解決に取り組み，地域の一員として伝統や文化を保護したり継承したりするために自分たちが協力できることを考えたり選択・判断したりして，地域に対する誇りや持続可能な社会を担おうとする態度を養うようにする。

2 指導のアイデア

❶「見方・考え方」の働かせ方

・白壁土蔵群保護に至るまでの動きを年表で確認して，何度も保存の危機があったことを押さえる。具体的には文化財保護の視点がないままに改修工事に臨もうとしたことや，火災・震災の被災・復興の様子を押さえる。その際，時間的な見方を働かせ，時代が下るにつれ，人々に豊かで文化的な生活を大切にする考え方が育ってきたことに気付かせ，地域の文化財保護の取り組みの流れを年表を活用して捉えられるようにする。
・まとめる場面では，年表を活用して未来には白壁土蔵群がどのように変化しているか予想し，それまでの保護の働きと関連付けてミニポスターにま

とめさせる。その中に自らのコメントを挿入させることで持続可能な社会を目指す態度を育成していく。

❷ 「主体的・対話的で深い学び」を実現させるために

・調べる段階において，年表の事例から土蔵群の危機とその対策について考えていく。文化財保存の取り組みについて人々の願いとそれを実現するための工夫・努力を具体的に学んでいく。その際，地域住民の視点に立って保存について話し合うようにする。文化財を守ろうとする人々の協力の姿や課題について話し合う時間を設けることで，住民が中心となって保護に取り組むようになったことに気付かせていく。

3 知識の構造図

中心概念
県内の文化財や年中行事は，地域の人々が受け継いできたことや，それらには地域の発展など人々の様々な願いが込められている。❼

具体的知識

❶ 鳥取県には多くの文化財があり，倉吉には江戸時代から続く白壁土蔵群の古い町並みが残っている。

❷ 倉吉は江戸時代，藩の陣屋が置かれ，宿場町・商業の町として栄えていた。

❸ 近くの玉川の氾濫を防ごうと土蔵群・住宅の取り壊し移転をすることになったが，住民が反対運動を始めた。

❹ 国体を前に改めて土蔵群の価値に気付いた人たちが，守る会をつくって保護活用に取り組み，市も保存条例を制定した。

❺ 白壁土蔵群が火災にあったのをきっかけに，地域住民が自主的に消防団を結成し，さらに文化財を守ろうとする機運が高まった。

❻ 鳥取県中部地震で被害にあった土蔵群もその後修繕され，何度も危機を乗り越えて今も保護・保存されている。

用語・語句

・白壁土蔵群 重要伝統的建造物群保存地区

・宿場町

・住民運動

・玉川

・保護活用 保存条例

・倉吉町並み保存会 くら用心

・復興 ふるさと納税 寄付

4　指導計画（7時間扱い）

	主な学習活動・内容	資料	指導上の留意点
学習問題をつかむ(2)	❶県内の文化財・年中行事のある地域や場所について調べる。 ・県内には多くの文化財や年中行事がある。 ・倉吉に，白壁土蔵群と呼ばれる江戸時代から続く国指定の文化財がある。	◇文化財・年中行事地図 ◇白地図 ◇白壁土蔵群（写真）	・地図の分布を見て，文化財・年中行事が県内に数多くあることに気付かせる。
	❷江戸時代にできた白壁土蔵群の成り立ちを調べる。 ・倉吉は宿場町として栄え，多くの店があり，商売が盛んだった。 学習問題　白壁土蔵群が今も形を変えず残っているのはどうしてだろうか。	◇江戸時代の倉吉絵図 ◇年表	・倉吉に土蔵が多く現存し，文化財認定された理由を時間的経緯と関連付けて考える。
調べる(4)	❸土蔵群景観の存続危機と町の人々の願いについて調べる。 ・近隣の川の氾濫に伴い，土蔵群の改修計画が持ち上がるも地域住民が反対した。	◇河川の氾濫（写真） ◇当時の土蔵群の様子	・河川氾濫と住民生活の関連に着目させ，住民の願いを考えるようにする。
	❹白壁土蔵群を守ろうとする活動の広がりを調べる。 ・倉吉らしい町づくりの象徴として白壁土蔵群の景観の見直しが始まり，保存・改修の動きが高まった。	◇市報 ◇保存のあゆみ年表 ◇当時の写真	・土蔵群を守る条例を制定したことで保存活動が行政にも広がったことに気付かせる。
	❺火災から焼け残った土蔵群を守るための住民の取り組みを調べる。【本時】 ・住民が自警組織をつくり，文化財を守る仕組みづくりや訓練を行っている。	◇新聞記事 ◇火災現場（写真） ◇くら用心（写真）	・火災から文化財を守るため住民が自主的に取り組んだことに着目させる。

	❻地震で破損した土蔵群が復興に至るまでの取り組みについて調べる。 ・被災した土蔵群を復興するために国の支援や寄付が使われた。	◇寄付付きビール缶 ◇震災被害にあった土蔵	・文化財の保存・修復にはたくさんの人の協力が必要であることに着目させる。
まとめる(1)	❼未来の土蔵群がどのようになっているか予想し、土蔵群保存のためのミニポスターを作製する。 ・県内の文化財や年中行事は、地域の人々が受け継いできたことや、それらには地域の発展など人々の様々な願いが込められていること。	◇空き家の地図 ◇他の文化財保存の取り組み資料 ◇ミニポスター	・住民の高齢化により、町並みの空洞化が懸念されることから他の文化財の保存方法・対策を調べ、人々の願いや思いを関連付けてまとめる。

倉吉市白壁土蔵群の町並み

「くら用心」の消火施設

5　本時の学習指導案（5／7時間）

📖❶ ねらい

　白壁土蔵群で発生した火事の様子や防災組織の働きについて調べ，文化財を保存・保護していくために地域住民が自主的に防災に取り組んでいることを理解できるようにする。

📖❷ 展開

主な発問・指示／予想される反応	資料	指導上の留意点
①新聞記事を読んでどのようなことがあったか調べましょう。 ・白壁土蔵群で火災があった。 ・4軒が被害を受けた。 ・伝統的な建築が失われた。	◇火災被害を伝える新聞記事	・新聞記事を読んでいつ，どこで何があったか視点を与えて傍線を引くことを促す。
②記事を読んだ自分の感想を交流しましょう。 ・大事な建物が焼失でショック。 ・せっかく保存してきたのに残念。 ・昔の建物だから燃えやすいのかな。 ③今日のめあてを確認しましょう。	◇新聞の見出し「名所消失　関係者に衝撃」	・当時の住民の思いを想像しながら，ペアで自分の考えを伝え合う。
二度と火災を起こさないようにするために，住民はどのように取り組んだのだろうか。		
④住民の立場になって火事を起こさないための取り組みを考えましょう。 ・火の始末の呼びかけをした。 ・消火栓を増やした。 ・燃えにくい材料に変えた。 ・火の用心の見回りを増やした。	◇グループワークカード	・グループのアイデアを15文字程度の短文にまとめ，全体に伝えるようにする。
⑤（写真を見て）何が見えますか。 ・ヘルメットや消火器，消防服	◇防火施設「くら用心」	・これらの道具を誰が，何のために使うのか，

・小さい消防車(ポンプ車) ⑥資料から,住民が町並みを火災からどのように守ろうとしているか調べましょう。 ・自分たちで消火訓練を始めた。 ・町並み保存会をつくった。 ・防火マップを作り,配布した。 ・消防署と協力してはしご車で消火する仕組みを考えた。 ⑦火事から古い町並みを守るために,住民はどのようなことをしてきたかまとめましょう。 ・住民は,普段から火災に備え,自分たちで町を守ってきた。	の内部写真 ◇年表 ◇町並み保存会の活動	さらに考えるように伝える。 ・火災後,町並み保存会ができたことを年表で確認する。 ・町並みを自発的に守ろうとする姿に着目させ,文化財の保存に人々が協力する姿に気付かせる。 ・自発的な取り組みが全国的にも有名になったことを伝える。

4年 白壁土蔵群を受けつぐ人たち

❸ 板書計画

〔今日のめあて〕
二度と火災を起こさないために,住民はどのように取り組んだのか考えよう。

白壁土蔵群と関わる人の年表

火災消失の写真

〔感想〕
・大事な建物が焼失でショック
・せっかく保存してきたのに残念
・昔の建物だから燃えやすいのかな

↓

〔考えた対策〕
・火の始末の呼びかけをする
・消火栓を増やした
・燃えにくい材料に変えた
・火の用心の見回りを増やした

新聞記事

〔調べたこと〕
・自分たちで消火訓練を始めた
・町並み保存会をつくった
・防火マップを作り,配布した
・消防署と協力してはしご車で消火する仕組み

くら用心の写真

〔まとめ〕
住民は普段から火災に備え,自分たちで町を守ってきた。

(土橋 和彦)

10 国際交流を進めている大田区

「国際交流を進めている地域」を取り上げた指導

1　目標

1　大田区では，区や地域の人々が協力し，国際都市を目指して区内で外国との交流活動を盛んに行っていることを理解するとともに，地図や区報などを調べ，まとめる技能を身に付ける。

2　大田区の位置，区や地域の人々の活動や国際交流の歴史的背景，地域の人々の協力関係などに着目し，大田区の様子を捉え，大田区は国際交流が盛んな特色のある地域であることを考え，表現する。

3　国際交流に取り組んでいる大田区について，学習問題を主体的に解決しようとする態度や，学習したことを社会生活に生かそうとする態度を養うとともに，大田区の国際交流の取り組みのよりよい発展を考え，東京都に対する誇りと愛情，東京都民としての自覚を養う。

2　指導のアイデア

❶「見方・考え方」の働かせ方

・つかむ場面では，東京都における国際交流が盛んな地域（東京都62自治体のうち，国際交流協会がある20自治体）を地図と交流の様子の写真から概観する。概観の後，羽田空港があり，外国人人口が約2万人，外国人訪問者が1年間に約30万人にのぼり，アメリカ合衆国のセーラム市，中国の大連，北京市朝陽区と姉妹友好都市になっている大田区を事例地として学習することを示す。地図帳や地球儀を用いて，アメリカや中国の位置を押さえるようにする。空間的な見方・考え方を働かせながら，国際交流が盛んな地域を中心に東京都が世界とつながっていることを捉えさせる。

・まとめる場面では，学習問題について，時間的な見方・考え方を働かせ，大田区や地域の人々が大田区の国際交流の課題を克服し，今も交流が続けられていることを捉えられるようにする。

📖❷ 「主体的・対話的で深い学び」を実現させるために

いかす段階において，大田区では，国家戦略特区に選ばれ，民泊ができるようにしたことを調べる。宿泊施設が足りず，泊まるところに困っている外国人旅行者の考えと，民泊によって迷惑をしている住民の考えを選択・判断し，議論することを通して，主体的・対話的で深い学びを実現することをねらっている。

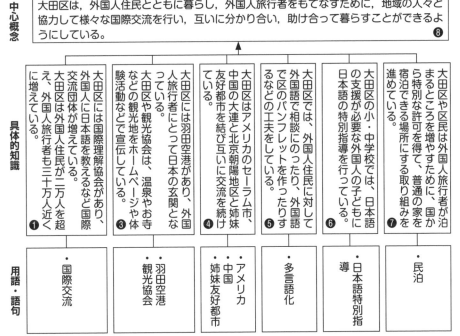

（注）❷は，学習計画を立てる時間に充てているため具体的知識は示されていない。

4　指導計画（8時間扱い）

	主な学習活動・内容	資料	指導上の留意点
学習問題をつかむ（2）	❶東京都の国際交流が盛んな地域を調べる。 ●大田区の国際交流が盛んな理由を話し合う。 ・大田区には国際理解協会があり，外国人に日本語を教えるなど国際交流団体が増えている。 ・大田区は外国人住民が2万人を超え，外国人旅行者も30万人近くに増えている。 ・東京オリンピックでは，ホッケーが開催される。	◇東京都の国際交流が盛んな地域の地図 ◇大田区の国際交流団体数の推移 ◇大田区の外国人住民数の推移 ◇大田区の外国人訪問者数の推移 ◇ホッケー会場の位置と完成予想図	・東京都全体を概観して，国際交流が盛んな地域を理解するようにする。
	❷前時の学習からめあてを捉える。 　大田区について学習問題をつくり，予想をもとに計画を立てよう。 ●前時の学習から疑問に思ったことを交流し，学習問題を設定する。		
	学習問題　大田区はなぜ，国際交流が盛んで，外国人が多いのだろうか。		
	●学習問題について資料を根拠に予想を出し合い，学習計画を立てる。 ・空港　・観光　・姉妹友好都市　・区 ・国際交流団体　・学校　・民泊	◇大田区の国際交流に関わる年表 ◇国際交流活動の様子	・資料を根拠にすることで，学習計画に必要な予想が出るようにする。
	❸大田区にはなぜ外国人旅行者が多いのか，大田区の特色を調べ話し合う。 　大田区の特色を調べよう。 ・羽田空港があり，温泉などの観光地があり，観光協会も宣伝しているため，外国人旅行者が多い。	◇大田区の土地利用や主な名所が載った白地図 ◇観光協会のパンフレット	・大田区の特色は3年の地域学習を想起させ，土地利用や主な名所を調べればよいことを考えさせる。
	❹大田区はどのような姉妹友好都市の関係を築いているのか調べ，話し合う。 　大田区の姉妹友好都市を調べよう。 ・大田区は，区ゆかりの人物や初めての交流	◇大田区の姉妹友好都市の交流の様子を紹介したHP	・姉妹友好都市の関係を世代を越えて続けていることを理解させるようにする。

調べる(5)	を大切にし，アメリカや中国と姉妹友好都市となって交流を続けている。		
	❺大田区は外国人住民に対してどのような支援をしているのか調べ，話し合う。 　　大田区の外国人住民に対する支援を調べよう。 ・大田区は，日本語が苦手でもくらしに困らないよう，様々な外国語で区のサービスやきまりを伝えたり，相談を聞いたりする工夫をしている。	◇外国人が困っていることのアンケート結果 ◇外国人住民に対する区の取り組みの資料（区のHP）	・外国人住民の多くが，日本語が分からなくて困っていることを踏まえて，区の取り組みを調べさせる。
	❻大田区の小・中学校では，外国人の子どもたちにどのような支援をしているのか調べ，話し合う。 　　大田区の小・中学校の外国人の子どもに対する支援を調べよう。 ・大田区の小・中学校では，日本語に早く慣れ，くらしや学習に困らないよう日本語を教える支援をしている。	◇これまで調べてきたノート	・町役場を中心に図にまとめる。
	❼大田区は，外国人旅行者が困っている泊まる場所の不足をどのように解決しようとしているのか調べ，話し合う。【本時】 　　大田区は外国人旅行者が泊まる場所をどのように増やしているのか調べよう。 ・大田区は区民と協力して，国から特別な許可をもらい，普通の家を泊まることができる施設にする工夫をして，旅行者が泊まる場所を増やしている。	◇民泊についての資料（区のHP）	・区のルールがなかった時に困ったことや，民泊に不安な考えをもつ区民の意見も取り上げるようにする。
まとめる(1)	❽調べたことを整理し，学習問題に対する自分の考えをまとめる。 ・大田区は，外国人住民とともに暮らし，外国人旅行者をもてなすために，地域の人々と協力して様々な国際交流を行い，互いに分かり合い，助け合って暮らすことができるようにしている。	◇これまで調べてきたノートや作品	・第3時の白地図に調べたことを加筆し，関連付けながらまとめていく。

4年　国際交流を進めている大田区

5 本時の学習指導案（7／8時間）

❶ ねらい

　大田区は区民と協力して，国から国家戦略特区の認定を受け，民泊を進めていることを調べ，外国人旅行者が泊まるところを増やすことと，国際交流を盛んにしていることを関連付けて考えることができる。

❷ 展開

主な発問・指示／予想される反応	資料	指導上の留意点
①大田区を訪れる外国人旅行者はどのように変化していますか。 ・増えている。　・予想の倍近く増えている。 ②最近，外国人旅行者が大田区を訪れるときに困っていることがあります。何でしょうか。 ・泊まるところがない。 ③大田区は泊まるところを増やすためにどんなことをしているでしょうか。 ・ホテルや旅館をたくさんつくる。 ・区はつくらないよ。 ④みんなの予想をすっきりさせるためにはどんなめあてにすればよいですか。 ・大田区は，外国人旅行者が泊まるところを増やすために何をしているのだろう。	◇大田区の外国人訪問者数の推移 ◇外国人旅行者が困っていることのアンケート	・泊まるところが足りなくて困っている外国人旅行者を助けるための解決策のずれから，主体的にめあてが生まれるように指導する。
大田区は，外国人旅行者が泊まるところを増やすためにどんな作戦を行っているのか調べよう。		
⑤大田区の作戦について調べましょう。 ⑥めあてが解決できるように調べたことを話し合いましょう。 ・新しくホテルや旅館をつくるにはたくさんのお金や土地が必要だから難しいんだね。 ・自分の家を，泊まる場所にして，泊まるところを増	◇民泊の資料（区，民泊をしている区民，まわりに住む区民，民泊を利用した外国	・民泊については区民の中にも賛否両論ある中で，国際交流を盛んにするために，

・やした人もいたんだ。 ・マナーが悪くて，やめてほしいと考える人もいるよ。 ・人を泊めて商売をするには許可がいるんだ。 ・大田区は国から特別な許可をもらって，許可のルールをやさしくしてもらったんだね。 ・ホテルや旅館を新しくつくらなくても，今ある家を外国人が泊まることができるようにして，迷惑にならないように区のルールを決めているんだね。 ・旅行者にとっても，日本の一般の家に泊まることができたり，泊まるところが増えて喜ばれたりしているね。	人の声)	理解・協力し合って進めていることを考えさせる。
⑦話し合ったことをまとめて，めあてについて自分の考えをまとめましょう。 ・大田区は区民と協力して，国から特別な許可をもらい，普通の家を泊まることができる施設にする工夫をして，旅行者が泊まる場所を増やしている。		・まとめた考えが，学習問題につながるか考えさせる。

❸ 板書計画

〔今日のめあて〕 大田区は，外国人旅行者が泊まるところを増やすためにどんな作戦を行っているのか調べよう。

区の考え
（区役所）

民泊について

ルールができてから
考えが変わった区民の声

〔考えたこと〕
・国際交流を盛んにするために協力・理解し合っている
・国際交流を盛んにすることが大田区をよりよくすることにつながっている

民泊をしている
人の声

国の特別許可
について

民泊を心配している
区民の声

旅行者の声

〔まとめ〕 大田区は区民と協力して，国から特別な許可をもらい，普通の家を泊まることができる施設にする工夫をして，旅行者が泊まる場所を増やしている。

（平田孝一郎）

5年 小単元 11 世界の中の国土

「国土の領土」に関する指導

1 目標

1. 世界の主な大陸や海洋，主な国の名称と位置，わが国と近隣諸国の位置関係や領土を理解するとともに，地図や地球儀などの資料を活用して必要な情報を集めて読み取ったり，白地図や作品にまとめたりする技能を身に付ける。
2. 世界の大陸と主な海洋，主な国の位置，海洋に囲まれ多数の島からなる国土の構成などに着目して，わが国の国土の様子を捉え，その特色を考え，適切に表現する。
3. 世界におけるわが国の位置や領土などから学習問題を見出し，意欲的に問題解決することを通して，国土に対する愛情をもつようになる。

2 指導のアイデア

❶「見方・考え方」の働かせ方

- 日本の領土の特色や周辺国との関係などを「位置や空間的な広がりの視点」をしっかりもって追究できるようにする。そのためにも，世界地図や日本地図，地球儀，グラフなど複数の地図や資料を比較させたり，関連させたりしながら考えられる時間と場を設定する。
- 衛星写真やデジタル地図，バーチャル地球儀システムなども活用し，実際の写真や映像なども生かして視覚的にその特色を捉えられるようにする。

❷「主体的・対話的で深い学び」を実現させるために

- 主体的な学習活動につながるように，子どもが「なぜ」「どうして」「解決

したい」という問題意識をもてるように，世界地図や日本地図，地球儀などを活用し，社会的事象との出会いの場面を充実させる。
・小グループや全体で調べたり，地図や資料から読み取れたことや気付いたこと，考えたことなどを話し合ったりする場と時間を設定する。
・日本の国土の構成や範囲などの特色について，これまでの様々な知識を相互に関連付けながら考えられるように問題解決の過程を大切にする。

3　知識の構造図

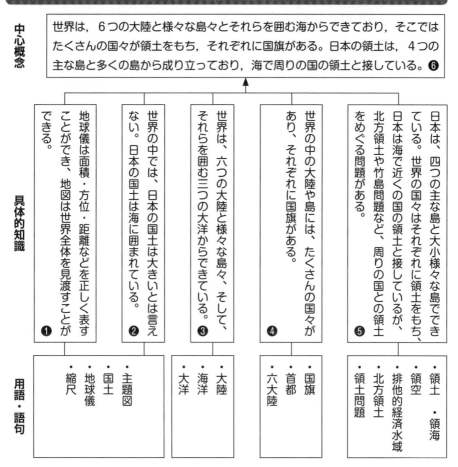

中心概念
世界は，6つの大陸と様々な島々とそれらを囲む海からできており，そこではたくさんの国々が領土をもち，それぞれに国旗がある。日本の領土は，4つの主な島と多くの島から成り立っており，海で周りの国の領土と接している。❻

具体的知識

❶ 地球儀は面積・方位・距離などを正しく表すことができ，地図は世界全体を見渡すことができる。

❷ 世界の中では，日本の国土は大きいとは言えない。日本の国土は海に囲まれている。

❸ 世界は，六つの大陸と様々な島々，そして，それらを囲む三つの大洋からできている。

❹ 世界の中の大陸や島には，たくさんの国々があり，それぞれに国旗がある。

❺ 日本は海で近くの国の領土と接しているが，北方領土や竹島問題など，周りの国との領土をめぐる問題がある。

❻ 日本は，四つの主な島と大小様々な島でできている。世界の国々はそれぞれに領土をもち，日本は海で近くの国の領土と接しているが，北方領土や竹島問題など，周りの国との領土をめぐる問題がある。

用語・語句

・縮尺
・国土
・地球儀
・主題図

・大洋
・海洋
・大陸

・六大陸
・首都
・国旗

・領土問題
・北方領土
・排他的経済水域
・領空
・領土・領海

2章　社会科「重点単元」授業モデル　95

4 指導計画（6時間扱い）

	主な学習活動・内容	資料	指導上の留意点
学習問題をつかむ (2)	❶衛星写真や地球儀，写真などを見て，日本の位置を見つけるとともに，世界の大陸や海洋について気付いたことを出し合ったり，知っている国や行きたい国などについて話し合ったりする。 ・地球儀は面積・方位・距離などを正しく表すことができ，地図は世界全体を見渡すことができること。地球上の位置は緯度や経度で表されること。 ・世界の国々の大まかな名前と位置。 ・世界の中では，日本の国土は大きいとは言えないこと。日本の国土は海に囲まれていること。	◇地球儀 ◇世界地図 ◇写真	・写真や地球儀，掲示用の大型地図を準備し，知っている国や行きたい国の位置を確かめることで，これからの学習に関心をもつことができるようにする。 ・緯度や経度など地球儀の見方について確認するとともに，距離の測り方や地図と地球儀の違いなどについても理解できるようにする。 ・世界の主な大陸や海洋，主な国の名称と位置など，子どもの気付きや子どもなりの表現を大切にし，学習問題の設定につなげる。
	❷世界の中における，日本の国土の位置や広がりについて学習問題をつくる。		
	学習問題　日本は世界の中でどこにあり，どのような国土をもった国であると言えるのだろう。		
	・学習問題に対する予想を考え，学習計画を立てる。 〈予想〉 ・位置は緯度や経度を使って表せそうだ。 ・日本は，大きな大陸の東にある国で，細長い形をしている国。 ・海に囲まれていて，国土としては陸地があまりない国。 〈学習計画〉 ・まずは，日本を含む世界の大陸や海洋，国のことを調べる。その後，日本の位置や広がりのことを調べる。		・学習問題に対する予想を考える時間を確保する。 ・日本の領土の位置や広がりについて説明するためには，まず世界の様子について知る必要があることを確認する。 ・これからの活動意欲を高めるために，学習計画は子どもの考えをもとにしながら，教師も一緒になって考える。

	そして，まとめる。		
	❸地図や地球儀を活用して，世界の主な大陸や海洋について調べ，話し合う。 ・世界には6つの大陸と3つの大洋がある。 世界の大陸（6大陸） ユーラシア大陸・北アメリカ大陸・南アメリカ大陸・アフリカ大陸・オーストラリア大陸・南極大陸 世界の海洋（3大洋） 太平洋・大西洋・インド洋	◇地図帳 ◇地球儀 ◇世界地図 ◇写真	・地図帳，地球儀，統計資料など各種の基礎的資料から必要な情報を読み取ったり調べたことを白地図に書き表したりすることを通して，調べ方やまとめ方の定着を図るようにする。
調べる (3)	❹地図や地球儀を活用して，それぞれの大陸にある主な国の名称と位置，国旗について調べ，話し合う。【本時】 ・大きな大陸には，たくさんの国がある。 ・大陸だけでなく様々な島にも国がある。 ・国旗は似ているものもあるが，それぞれ違っていて，その国の人々の歴史や願いを込められているものもある。	◇地図帳 ◇地球儀 ◇世界地図 ◇写真 ◇各国の国旗に関する資料等	・日本と比べて面積が広いのか，どの方位にあるのかなどについても調べさせるなど，資料から比較したり，資料をもとに考えたりする機会を多く設ける。 ・国旗の成り立ちやその国の文化，国旗を尊重し大切にすることなどを押さえる。
	❺日本の位置や国土の広がりについて調べ，その特色について考える。 ・国土は，4つの大きな島と沖縄島や択捉島などの多くの島でできている。 ・日本は，海を挟んで近くの国と接している。（東西南北の端の場所と名称） ・近隣の国々（ロシア，大韓民国，北朝鮮，中国）の位置。日本固有の領土である北方領土や竹島，尖閣諸島などで，領土をめぐる諸課題があること。	◇日本の領海等概念図（海上保安庁） ◇統計資料（世界各国の国土面積・排他的経済水域・海岸線距離等） ◇新聞記事	・北方領土や竹島，尖閣諸島は日本固有の領土であることを押さえた後，資料をもとにまわりの国と領土をめぐる問題があることに気付かせる。 ・日本の国土について，世界の主な大陸や海洋，主な国との位置関係で表したり，緯度や経度を活用して表したりと自由に言い表す機会を設ける。
まとめる(1)	❻学習問題について話し合い，世界の中での日本の位置や国土の特色についてまとめる。		

5年 世界の中の国土

5　本時の学習指導案（4／6時間）

📖❶ ねらい

　日本を構成する主な島々や北方領土，日本の東西南北の端，まわりの国々の位置について調べ，日本の位置や国土の広がりの特色について理解することができる。

📖❷ 展開

主な発問・指示／予想される反応	資料	指導上の留意点
①日本の国土の面積ってどのくらいあるのだろう。 ・日本は島が多いし，きっと狭いと思うよ。 ・大きな大陸にある世界の国々は広そうだね。 ・地図帳で調べたら約380,000km²（2012年）とあったよ。 ・世界の国の中では60位くらいなんだね。あまり広くないね。	◇統計資料（日本及び世界各国の国土面積）	・世界の国々の国土面積をまとめた表を用いることで，他国と比べながら日本の国土の広さを感じ取れるようにする。
②もう1枚の資料を見てみましょう。あるものの面積を表している資料です。 ・日本が面積で6位になっているよ。国土の面積は60位くらいだったのに。 ・何の資料だろう。 ・領海を含めた排他的経済水域の面積は世界第6位なんだね。島が多いからかな。	◇統計資料（日本及び各国の排他的経済水域を含む面積・海岸線距離等）	・領海や排他的経済水域などの言葉について，地図帳等を活用し理解できるようにする。 ・統計資料から，日本の順位が6位になっている理由について考えさせることで，領土の範囲について興味をもてるようにする。
世界の中で，日本の国土の範囲（領土）はどこにあり，どこまで広がっているのだろう。		
③私たちの日本の国土（領土）の範囲を調べてみましょう。気付いたことを話し合いましょう。 ・白地図の日本の領土に色を塗ってみよう。 ・よく知っている本州や北海道，四国，九州などから遠く離れた島も日本の領土なんだね。 ・日本の東西南北の端を調べたよ。とても遠くまで広がっているね。	◇日本周辺地域の白地図	・白地図に記入する時間を確保する。また，小グループなどで相談しながら活動できるように声を掛ける。 ・領海等の地図資料を用いることで，陸地

・領海12カイリや排他的経済水域の200カイリのことは初めて知ったよ。 ・排他的経済水域を含めると世界で6番目の面積なんて。日本の国土って広いんだね。 ・地図を改めて見てみると，日本は，ロシアや韓国，北朝鮮などの国に近いんだね。日本の他の都市に行くよりもずいぶん近いね。	◇日本の領海等概念図（海上保安庁）	だけでなく，領海や排他的経済水域などを含めた領土を感じられるようにする。
④この新聞記事を見てみましょう。 ・択捉島などは日本なのにどうしてお墓参りに行くのに申請がいるんだろう。 ・ニュースで聞いたことがあるよ。北方領土や竹島，尖閣諸島などは日本の領土なんだよね。 ・ロシアや韓国とはこのような領土の問題があるんだね。日本の領土については，これからも関心をもって考えていきたいね。	◇新聞記事（北方領土の元島民や家族らの墓参りに関する記事）	・北方領土や竹島，尖閣諸島は日本固有の領土であることをしっかりと押さえる。 ・地図をもとに，領土問題がある地域の場所を確認する。
⑤今日のめあてに対する考えをまとめましょう。 ・日本は，ユーラシア大陸の東に位置し，ロシアや韓国，北朝鮮や中国などの国々と，海を挟んで隣り合っている。 ・日本の領土は，4つの大きな島と大小様々な島からなっていて，海に囲まれた島国である。 ・日本の領土は，太平洋に広く広がっていて，周りの国々と領土の問題もある。		・日本の国土の位置や広がりの特色について，個々が考える時間を十分確保する。 ・小グループや全体で話し合う時間も設ける。

❸ 板書計画

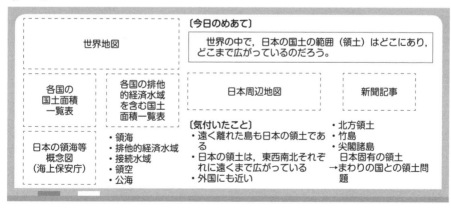

（檜垣　延久・品川　崇）

「歴史の視点」を位置づけた食料生産の指導

1 目標

1 わが国の食料生産は，自然条件を生かして営まれていることや，国民の食料を確保するため重要な役割を果たしていること，食料生産に関わる人々は生産性や品質を高めようと努力し食料生産を支えていることを理解するとともに，地図帳や地球儀，各種の資料で調べ，まとめる技能を身に付ける。
2 米づくりの盛んな地域の分布や生産量の変化，輸入など外国との関わりに着目して，食料生産の概要を捉え，食料生産が国民生活に果たす役割や生産の工程，人々の協力関係，技術の向上，輸送，価格や費用などに着目して，食料生産に関わる人々の工夫や努力を考え，表現する。
3 意欲的に学習に取り組み，よりよい社会を考え，学習したことを社会生活に生かそうとする態度を養うようにする。

2 指導のアイデア

❶「見方・考え方」の働かせ方

・米の生産の様子を理解するために，米の生産量と消費量を示したグラフを読み取る。40年前や20年前の生産量や消費量を具体的に読み取り，現在と比較することで，変化の様子を理解できるようにする。特に生産量が激減した点や米の輸入量が増えている点に着目させ，米の生産量の変化について理解できるようにする。学習指導要領では，歴史的な視点から調べる事項として，生産量の変化と技術の向上が示されているが，ここでは前者に焦点を当てて述べる。

📖❷「主体的・対話的で深い学び」を実現させるために

・日本の米の生産量や消費量について，過去から現在までの変化の様子を理解した上で，今後どのように変化するのか予想を話し合う。これからの稲作はどうあるべきか考えをまとめる。

3 知識の構造図

中心概念
わが国の食料生産の中心をなす稲作の主要な産地である庄内平野では，自然条件に合わせ，携わる人々の工夫や努力を生かして生産をしている。❾

具体的知識

❶ 主食である米づくりは，日本の耕地面積の半分以上で行われ，全国各地で行われている。主な産地は東北地方や新潟県，北海道である。

❷ 米の生産量や消費量は関連して過去から現在に至るまで変化している。米の生産量と消費量は，ともに年々減っている。

❹ 稲作の盛んな庄内平野は，平らな広い水田，降水量，季節風，夏の日照時間，昼夜の温度差が大きい場所など，米づくりに適した自然環境がそろっている。

❺ 稲作農家の人々は，種まきから収穫まで稲の生長に合わせて工夫や努力を重ねている。

❻ 庄内平野の人々は，地域で協力し，品種改良などを進め，一単位面積当たりの収穫量を増やしている。機械化による生産技術の向上に努め，生産の効率を高め，労働時間の短縮を進めている。

❼ カントリーエレベーターや運輸の働きにより，味を保ちながら米を早く全国の消費地へ届けることができる。

❽ 稲作農家は米の消費量の減少や後継者不足などの問題を抱えており，問題の解決に当たっている。

用語・語句

・生産地
・東北地方
・自然条件

・生産量
・消費量

・生産量

・雪解け水
・季節風
・日照時間

・種もみ

・専業農家
・兼業農家

・品種改良
・水田農業試験場
・機械化
・技術の向上
・労働時間

・食料基地
・カントリーエレベーター

・生産調整
・転作
・高齢化
・生産組合

(注) ❸は，学習計画を立てる時間に充てているため具体的知識は示されていない。

4　指導計画（9時間扱い）

	主な学習活動・内容	資料	指導上の留意点
学習問題をつかむ（3）	❶米の生産量の多い都道府県を調べ白地図にまとめる。 ・収穫量の多い東北地方や新潟県，北海道が米の主な産地である。	◇米の生産量 ◇白地図	・統計資料を白地図に示し，日本全体の稲作生産地の分布に気付かせる。
	❷米の生産量と消費量のグラフから米の生産と消費量の変化について理解する。【本時】	◇米の生産量と消費量のグラフ	・過去と現在を比較し，変化に気付かせる。
	❸庄内平野がどのようなところなのかを資料から読み取り，学習問題をつくる。予想を話し合い，学習計画を立てる。	◇庄内平野の写真・鳥瞰図	・庄内平野産の米を示し，庄内平野に関心をもたせる。
	学習問題　庄内平野で米づくりをしている人々は，どのようにしてよりよい米を生産し，消費者に届けているのだろうか。		
	・自然を生かしているのではないか。 ・人々が工夫や努力をしているのでないか。	◇地図帳	・予想をもとに調べる見通しをもたせる。
	❹庄内平野で米づくりが盛んなわけについて調べる。 ・庄内平野は，平らな広い水田，降水量，季節風，夏の日照時間，昼夜の温度差が大きい場所など，米づくりに適した自然環境がそろっている。	◇庄内平野の日照時間や気温の様子を示した資料	・米づくりと自然環境の関わりについて気付けるようにする。
	❺米づくりの仕事について調べ，農作業暦にまとめる。 ・稲の生育に合わせて仕事をしている。	◇農家の人の話	・稲の生育に関わる工夫があることに気付けるようにする。

調べる(5)	❻庄内平野の農家の人たちが，よりよい米づくりのためにどのように協力し合っているかを調べ，話し合う。 ・高い農業機械も地域の人々が共同で持ち，効率よく稲作を進めている。 ・水田農業試験場では，品種改良や有機農業の研究をし，生産者や消費者のニーズに合った米を開発している。 ・機械化が進んだことで，農家の労働時間が短くなった。生産技術の向上に努めている。 ・過去に比べて一単位面積当たりの収穫量が増えている。	◇農協の人の話 ◇水田農業試験場の人の話	・高額な機械や水の管理など，農家同士の協力が不可欠であることに気付けるようにする。 ・水田農業試験場では，品種改良や有機農業の研究をし，生産者や消費者のニーズに合った米を開発していることに着目させる。
	❼庄内平野の米が消費者に届けられるまでの様子を調べて，生産地と消費地を結ぶ運輸の働きや，米づくりに関わる費用や価格について話し合う。 ・トラックや列車，フェリーなどの運輸の働きによって，全国に米が届けられている。 ・米の値段には，生産のほかに，輸送や販売などの費用が含まれている。	◇カントリーエレベーターの写真 ◇庄内平野から出荷される米の行先を示した地図	・庄内平野の米の送り先と日本の交通網を関連付けて読み取らせ，運輸の働きが重要であることに気付けるようにする。
	❽農家のかかえる問題について資料から読み取り，これからの米づくりについて考えたことを話し合う。 ・米の消費量減少や後継者不足がある。	◇農家の人の話や役所の方の話	・これからの米づくりのあり方を考え，提案させる。
まとめる(1)	❾調べたことを整理し，学習問題に対する自分の考えをまとめる。 ・庄内平野では，自然条件に合わせ，携わる人々の工夫や努力を生かして生産をしている。	◇これまで調べて集めた資料やノート	・ノートに今まで学んだことを図や絵を使いまとめさせる。

5年 稲作の盛んな地域

5 本時の学習指導案（2／9時間）

📖❶ ねらい
　日本の米の生産量や消費量について、過去と現在の様子を調べ、それらの変化の様子について理解するとともに、過去から現在の様子と関連付けて今後の生産量について考えることができる。

📖❷ 展開

主な発問・指示／予想される反応	資料	指導上の留意点
①日本全体の米の生産量は減っているでしょうか、増えているでしょうか。 ・減っている。洋食化が進んだから。 ・増えている。日本人の主食だから。 ②米の生産量と消費量を示したグラフを見て、気付いたことを話し合いましょう。 ・消費量は年々少なくなっている。 ・減り方は緩やかだ。 ・生産量はのこぎりの歯のように、上がったり下がったりしている。 ・消費量も生産量も全体的に減っている。 ・昔はなかったが、最近では、米の輸入も始めている。 ③今日のめあてを確認しましょう。	◇米の生産量と消費量の推移のグラフ	・高額な機械や特殊技能を要する機械、水の管理など、農家同士の協力が不可欠であることに気付けるようにする。 ・技術の継承や向上という視点にも目が向くようにする。 ・グラフを丁寧に読ませる。 米の生産量、消費仕向量等の推移
米の生産量や消費量は、過去と現在を比べると、どのように変化しているのだろうか。また、今後、米の生産量はどうなるのだろうか。		
④グラフから分かることをノートにまとめましょう。 ・生産量は変化が激しい。 ・1992年ごろに米の生産量が激減した時に、お		・昔と現在を比較して、気付いたことを述べさせる。 ・過去と現在のデータ

・米の輸入をしている。 ・消費量が年々減っている。主食の米の生産が減っているので，今後，農業生産がどうなるのか心配だ。 ⑤今後の米の生産量はどうなるのか話し合いましょう。 ・このままだと，米の生産量は減り続けてしまう。外国からの米の輸入も増えているようだ。 ・消費量が減っているので，もっと日本人はご飯を食べるようにしたらよい。 ⑥話し合いをして考えたことをノートにまとめましょう。 ・自然の影響を受けて，生産量は上下する。安定的に収穫できるような工夫が必要だと思う。 ・農家の人はどのようにしたら生産量を増やすことができるのだろうか。	を比べて，変化に着目し，気付いたことをノートに記入させる。 ・過去から現在への変化をもとに，将来どのようになるのか予測させる。予測について，児童に話し合いをさせる。減る，変わらない，増えるなど予想の違う児童同士で，なぜそのように考えたのか，話し合いをさせる。 ・話し合いの内容やグラフのデータをもとに，再度自分の考えをノートに書かせる。

5年 稲作の盛んな地域

📖 ❸ 板書計画

〔今日のめあて〕 米の生産量や消費量はどのように変化しているのか。

米の生産量と消費量の推移のグラフ

〔分かったこと〕
・生産量も消費量も年々減っている
・外国からの輸入も増えてきた
・生産量は年ごとの変化が激しい

米の生産量や消費量はこれからどのようになるのだろうか，話し合おう。

〔考えたこと〕
・このままだと減り続けそう
・おいしいお米を作るようにすれば，消費量が増えるのでは

（梅澤　真一）

5年 小単元 13 自動車をつくる工業

「歴史の視点」を位置づけた工業生産の指導

1 目標

1. 工業生産に従事している人々が，様々な工夫や努力をしていることを理解するとともに，必要な情報を収集する技能を身に付ける。
2. 工業生産に従事している人々が，社会や消費者のニーズに応え，様々な工夫や努力をして国民生活を支えていることについて考えたり，判断したりしたことを，適切に表現している。
3. 自動車工業の製造や販売，輸送，開発に見られる工夫などについて意欲的に問題解決に取り組み，わが国の工業生産の発展について進んで考えようとしている。

2 指導のアイデア

❶「見方・考え方」の働かせ方

・本小単元では，「持続可能性」に着目して単元を構成した。自動車は生産額や貿易輸出額が国内第1位であり，生産量や技術の高さからも日本の基幹産業の一つと言える。その自動車工業でも，ここ10年で海外生産の比率が飛躍的に増加している。「このまま海外生産を増やしてもいいのか」と問うことで，「持続可能性」の視点で日本の自動車工業を捉えるようにしたいと考える。その際，「工業製品の改良」に着目し，子どもが時期や時間の経過について調べたことを手掛かりに話し合うことで，日本の工業生産の概要が捉えられるようになると考える。

📖❷ 「主体的・対話的で深い学び」を実現させるために

・「持続可能性」の視点を子どもがもつために，「日本の自動車工業をもっと盛んにするためにどうすればよいか」という，大きな問いをもつ必要がある。日本の自動車工業の優位性を意識している子どもは，海外生産が増えている現実とのずれを感じ，主体的・対話的な学びへと向かうであろう。また，生産性を高めたり，製品の質を向上させたりする工業製品の改良への様々な工夫や努力を，「持続可能性」の視点で見ることで，工業生産の特色がさらに深い学びへ変わっていくであろう。

3 知識の構造図

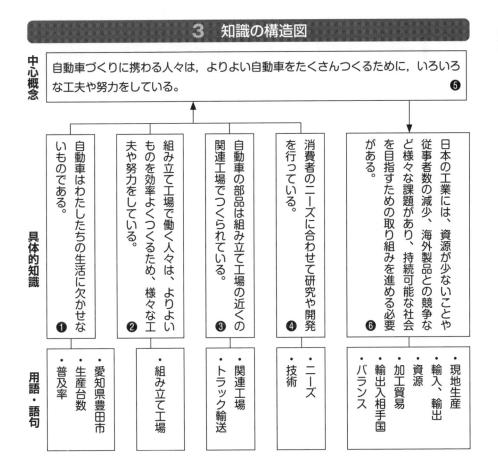

中心概念：自動車づくりに携わる人々は，よりよい自動車をたくさんつくるために，いろいろな工夫や努力をしている。❺

具体的知識：
- ❶ 自動車はわたしたちの生活に欠かせないものである。
- ❷ 組み立て工場で働く人々は，よりよいものを効率よくつくるため，様々な工夫や努力をしている。
- ❸ 自動車の部品は組み立て工場の関連工場でつくられている。
- ❹ 消費者のニーズに合わせて研究や開発を行っている。
- ❻ 日本の工業には，資源が少ないことや従事者数の減少，海外製品との競争など様々な課題があり，持続可能な社会を目指すための取り組みを進める必要がある。

用語・語句：
- 愛知県豊田市／生産台数／普及率
- 組み立て工場
- 関連工場／トラック輸送
- ニーズ／技術
- 現地生産／輸入，輸出／資源／加工貿易／輸出入相手国／バランス

4　指導計画（6時間扱い）

	主な学習活動・内容	資料	指導上の留意点
学習問題をつかむ(1)	❶自動車に実際に触ったり，資料を見たりしながら，疑問に思ったことを話し合う。 ・自動車のこと　・自動車の工業の中での位置　・生産台数	◇自動車（実際に自動車会社から借りる） ◇自動車会社の人の話 ◇生産台数の変化（グラフ）	・本単元の前に，工業生産の概要や貿易についての学習は終えておく。
	学習問題　自動車はどのようにして，はやくたくさんつくられ，売られているのだろう。		
	●学習問題に対して予想し，調べる計画を立てる。 ・つくり方　・運び方　・場所 ・いろいろな種類の車	◇溶接，販売店，キャリーカー，PHV（プラグインハイブリッド）の写真，パンフレット	・写真資料を用意し，予想する根拠を与える。 ・各自の予想を吟味し合い，調べることを明確化していく。
調べる(3)	❷組み立て工場で働く人々が，どのように自動車をつくっているのかを調べ，工夫を考える。 ・ひもスイッチとアンドン ・指示ビラ（まちがいがないように） ・部品を余らせない工夫	◇組み立て工場（写真） ◇「かんばん」（実物） ◇関連工場（写真） ◇部品の流れ図（自作資料）	・自動車を効率よくたくさんつくるための工夫や努力に気付かせる。
	❸自動車の部品がどのようにつくられているのかを調べ，組み立て工場と関連工場のつながりについて考える。 ・関連工場では，組み立て工場の作業に合わせて必要な部品を組み立て工場に届けている。 ・関連工場は組み立て工場の周辺にあることが多い。	◇キャリアカー，輸送船（写真）	・組み立て工場と関連工場の関係性について捉えさせる。

	❹完成した自動車が，どのように消費者の元へ届けられるのかを調べ，輸送について考える。 ・国内の販売店にはトラック輸送。 ・海外には自動車専用船で輸送する。		・完成した自動車がどのように運ばれているか，実際に自動車販売店の方から話を聞くようにする。
まとめる (1)	❺社会や消費者のニーズの観点から，これからの自動車づくりについて考える。 ・ハイブリッドカーや電気自動車など環境にやさしい自動車の開発。 ・安全性や福祉の視点からも自動車の研究や開発が行われている。	◇PHV（プラグインハイブリッド）の写真	・社会や消費者の観点から，自動車づくりに携わる人々がいろいろな努力や工夫をしていることに気付かせる。
いかす (1)	❻資料をもとに，日本の自動車工業をもっと盛んにしていくためにどうすればよいのか考える。【本時】 ・自動車生産は組み立て工場や関連工場で働く人々，研究開発に携わる人々，運輸に携わる人々などいろいろな人々の工夫や努力の上に成り立っている。 ・技術・産業の空洞化・輸出・輸入 ・現地生産	◇これまでの学習で活用した資料など ◇自動車の生産・輸出・販売台数の移り変わり（グラフ） ◇産業の空洞化（写真）	・前単元や，本時の学習を生かし，海外生産のメリット・デメリットを話し合う中で，これからの自動車工業の進むべき方向について考えさせる。

5 本時の学習指導案（6／6時間）

❶ ねらい

　日本の自動車工業が現在抱える問題点を踏まえ，これからの自動車工業をもっと盛んにするためにはどうすればよいか考え，まとめることができるようにする。

❷ 展開

主な発問・指示／予想される反応	資料	指導上の留意点
日本の自動車工業をもっと盛んにするためにはどうしたらいいのだろう。		
①日本の自動車工業をもっと盛んにするためには，国内生産を増やし，輸出を増やしたらいいのでしょうか。 ・海外生産を増やして，輸出を抑えるほうがいいよ。 ・国内生産を増やして，国内でもっと売ったり，輸出を増やしたりすればいいよ。 ・自動車工業で働いている人はとても多いと調べました。もし，国内生産が減って，工場がなくなってしまったら大変だよ。 ・でも，国内販売も輸出も増えていないなあ。為替リスクがあるからかなあ。 ・日本でつくっても，国内販売も，輸出も増えないのに，車が余ってしまうよ。 ・現地でつくると，現地のニーズに合わせられるよ。 ・海外に工場を増やして，働く人を増やせばいいよ。 ・日本人が外国につくり方を教えたらいいね。 ・日本から部品を輸出し，海外生産を増やせばいいよ。 ・海外生産が増えているということは，海外の方が消費者が多い。だから，海外生産を増やせばいい。 ・海外生産を増やすと，日本のすばらしい技術を広められるよ。 ・でも，国内生産を増やさなければ，車をつくる意味がないよ。だって，日本の最高の技術なのに，外国にあげるのは意味がないよ。 ②外国は日本に技術をもらわないと困る。日本からすれば，大切な技術はあげられない。どうすればいいのでしょう。 ・技術を外国にあげて，日本はさらに高い技術をめ	◇自動車の生産・輸出・販売台数の移り変わり（グラフ） ◇子どもが前単元（貿易）で作成した，技術，働く人，輸出入の資料 ◇為替リスク（自作資料） ◇日本人の技術指導（写真） ◇自動車生産と貿易との関係（自作資料） ◇ハイブリッドやPHVの技術の変せ	・前単元「貿易と運輸」の学習を想起させ，グラフを読み取らせる。 ・子どもに今までの学習を振り返らせ，根拠となる資料を示して意見を述べるように助言する。 ・生産と貿易の資料と提示し，今までの学習を振り返らせる。 ・日本の高い「技術」の変せんについて確認し，工業製品の改良への努

ざせば，国内にとっても海外にとってもよくなるのではないかな。 ・ハイブリッドやPHVなど，環境にやさしい車づくりだね。 ・事故を起こさないようにする車や車いすの方のための車など，人にやさしい車の技術もあるね。 ・今でも，かなり質が高いので，日本の技術をこれ以上，上げていくのは難しいよ。 ・組み立て工場での工夫や関連工場とのつながりなど，一人一人の工夫や努力も大切なものだよ。 ・外国の技術も教えてもらい，どちらも技術を上げていけばいい。両方のよいところを教え合えば。	んについての資料（自作） ◇安全のための技術の変せんについての資料（自作） ◇日本の工場の役割についての資料（新聞）	力を続けていることに気付くようにする。 ・製品の技術の向上だけでなく，日本の自動車づくり自体が，高い質のものであることに気付かせたい。 ・外国との関係を考慮した今後の自動車工業の持続可能性について検討するようにする。
③学習問題に対するまとめ（社会科日記）を書きましょう。 ・自動車生産は組み立て工場や関連工場で働く人々，研究開発に携わる人々，運輸に携わる人々などいろいろな人々の工夫や努力の上に成り立っている。 ・海外生産が増えていく中で，自動車工業をもっと盛んにするためには，技術の向上が必要。それも，外国との関係がとても大切になってくるね。		・工業に携わっている一人一人の工夫や努力が，今後の自動車工業の未来に深く関わっていることに気付いた意見を採り上げ，紹介する。

3 板書計画

〔今日のめあて〕日本の自動車工業をもっと盛んにするためにはどうしたらいいのだろう。

| 自動車の生産・輸出・販売台数の移り変わり（グラフ） | 〔国内生産を増やす〕
・輸出を増やす
・日本の技術をさらに高める
・国内でつくらなければ意味がない | 〔海外生産を増やす〕
・海外のニーズに合った車をつくれる
・日本の技術を広められるバランスが大切だ | ・技術指導　・PHV
・生産と貿易との関係
・工場の役割等の資料 |

（檜垣　延久・品川　崇）

14 工業生産に関わる人たち

「貿易や運輸」を位置づけた工業生産の指導

1 目標

1 わが国の工業生産について，貿易や運輸は，原材料の確保や製品の販売などにおいて，工業生産を支える重要な役割を果たしていることを理解するとともに，地図帳や地球儀，各種の資料で調べ，まとめる技能を身に付ける。
2 交通網の広がり，外国との関わりなどの知識をもとに，貿易や運輸の様子を捉え，それらの役割を考え，表現する。
3 意欲的に問題解決に取り組み，わが国の産業の発展を願いわが国の将来を担う国民としての自覚を養うようにする。

2 指導のアイデア

❶ 「見方・考え方」の働かせ方

・貿易相手国の位置を調べ白地図にまとめたり，地図帳や地球儀を用いて位置や経路，分布や地域間のつながりを読み取ったりすることを通して，空間的，時間的な見方・考え方を働かせながら，わが国の貿易の特色が捉えられるようにする。
・運輸業や物流業に携わっている人から工夫や努力についての話を聞いたり，施設を見学したりすることを通して，運輸が工業生産を支える重要な役割を果たしていることが捉えられるようにする。

❷ 「主体的・対話的で深い学び」を実現させるために

・まとめる段階において，貿易や運輸が工業生産に果たす役割について学習

したことをもとに，これからの日本と外国との貿易の関わりについて話し合い，わが国の工業生産の将来に関心をもたせる。

3　知識の構造図

中心概念

原材料を確保したり製品を販売したりするとき，貿易や運輸は工業生産を支える重要な役割を果たしている。　❺

具体的知識

❶ 生産された工業製品は、トラックや船、鉄道、飛行機などいろいろな方法を使って上手に運ばれている。工業生産やわたしたちのくらしは、運輸の働きによって支えられている。

❷ わが国は工業製品を生産するための原材料を、海上輸送や航空輸送などを使って外国から輸入している。

❸ わが国は生産した工業製品を、陸上輸送や航空輸送などを使って外国に販売している。

❹ 輸出入額や輸出入の品目は変動している。日本の貿易は課題を抱えているが、これまでにも抱えた課題への解決を図ってきている。

用語・語句

❶
・主な輸入品名
・加工貿易

❷
・交通網
・航空輸送
・陸上輸送
・海上輸送
・原材料

❸
・付加価値
・加工貿易

❹
・貿易摩擦
・自由貿易

5年　工業生産に関わる人たち

4　指導計画（5時間扱い）

	主な学習活動・内容	資料	指導上の留意点
学習問題をつかむ(1)	❶身の回りにある工業製品がどこでつくられたものか調べる。 ・外国製の工業製品もたくさんある。 ・アジアの国々の製品が多い。 ●疑問に思ったことを交流し，学習問題を設定する。 ・交通網が広がっているのは輸入品や輸出品を運びやすいことと関係があるのではないか。 ・原材料は，どこからどのように入手しているのだろう。 ・生産した工業製品はどこへどのように販売しているのだろう。	◇地図帳 ◇地球儀 ◇白地図 ◇京浜ターミナルのまわりの地図	・身の回りの工業製品調べから，外国から輸入しているものが多いことに気付かせる。 ・原材料の確保が必要なことを既習の内容と関連付けて考えさせる。
	学習問題　貿易や運輸は，原材料を確保したり製品を販売したりするときにどんな役割を果たしているのだろう。		
	●予想を出し合い学習計画を立てる。 ・原材料の輸入先と輸送手段 ・生産した工業製品の販売先と輸送手段 ・外国との関わり		
調べる(3)	❷工業製品を生産するためにどのような原材料を，どこからどのように入手しているのか調べる。 ・原材料を輸送するルートを地図に表す。 ・関わりのある国々の名称と位置を確認して白地図にまとめる。	◇輸入品ランキング ◇白地図 ◇地図帳 ◇地球儀	・白地図に表すことで，貿易の特色を考えられるようにする。
	❸生産した工業製品はどこへどのように販売されているのか調べる。【本時】 ・製品を輸送するルートを地図に表す。 ・関わりのある国々の名称と位置を確認して白	◇輸出品ランキング ◇白地図 ◇地図帳	・白地図に表すことで，貿易の特色を考えられるようにする。

	地図にまとめる。 ・輸送の際の工夫や努力について調べる。	◇地球儀 ◇運輸に従事する人の話	
	❹わが国の工業生産は外国とどのような関わりがあるのか調べる。 ・輸出入の金額の移り変わりを調べる。 ・日本の貿易の課題と解決方法について調べる。	◇輸出入額の移り変わり ◇地図帳 ◇貿易に携わる人の話	・輸出入の推移を読み取ることによって，貿易の特色や課題が捉えられるようにする。
まとめる(1)	❺調べたことを整理して，学習問題に対する自分の考えをまとめる。 ・原材料を輸入したり，生産した工業製品を輸出したりする貿易は，工業の発展や私たちの生活にとって大切な役割を果たしている。だから，貿易の課題を解決していくことも必要になる。 ・国内の交通網の広がりや様々な輸送手段は，荷物を決められた時間に決められた場所に運ぶために大切な役割を果たしている。 ●これからの日本は貿易の面で外国とどのように関わっていけばよいのか話し合う。 ・自由貿易も始まっている。これからは日本にとっても外国にとってもプラスになる貿易を考えていくことが必要だ。	◇これまで調べてきたノートや作品	・貿易と運輸の役割を生活と関連付けながらまとめていく。 ・外国との関わりの中で貿易の様子が変わることに気付き，国の将来について関心をもたせる。

5年　工業生産に関わる人たち

2章　社会科「重点単元」授業モデル

5　本時の学習指導案（3／5時間）

❶ ねらい

　生産した工業製品はどこへどのように販売されているのか調べ，日本の貿易の特色や運輸の果たす役割について考えることができる。

❷ 展開

主な発問・指示／予想される反応	資料	指導上の留意点
①今日のめあてを確認しましょう。		
生産した工業製品はどこへどのように販売されているのだろう。		
②日本はどのようなものを輸出しているのか資料から読み取りましょう。 ・自動車と自動車の部品が上位に入っている。 ・自動車や半導体の部品や電気回路の機器など小さな製品が上位に多い。 ・輸入した原材料を使って，製品にしたものを輸出している。	◇輸出品ランキング ◇地図帳	・製品の写真や絵から製品がイメージできるようにし，輸出の特色に気付かせる。
③貿易相手国を白地図に表しましょう。 ・アメリカやカナダ，中国などアジアの国々への輸出が多い。 ・輸入の多い国と同じでアメリカ，中国が上位に入っている。	◇輸出相手国ランキング ◇白地図 ◇地球儀	・白地図だけでなく，地球儀を使うことによって，貿易相手国との距離やルートを考えさせる。
④どのような輸送手段で運んでいるのか資料をもとに考えましょう。 ・輸出は成田国際空港が1位。航空輸送で運べる小さい製品が多かったからだろう。 ・港からは大きな製品を海上輸送で運んでいる。	◇貿易輸出港ランキング ◇成田国際空港写真 ◇東京港写真	・輸出品と関連付け，輸送手段を考えさせる。

⑤輸送に関わる人の話から，輸送するときの工夫や努力について調べましょう。 ・高速道路や鉄道などの交通網を使って，決められた時間内に，決められた場所や相手に製品を大切に届けている。 ・製品を届ける場所や製品の大きさなどによって輸送手段を選び，確実に届けている。 ⑥今日の学習をまとめましょう。 ・日本は，生産した工業製品を航空輸送や海上輸送などを使って，外国に販売している。	◇輸送に携わる人の話（実際にお呼びできたらお呼びする）	・運輸業に携わっている人の話を聞くことで，輸送の際の工夫や努力に気付かせる。 ・調べたことを総合して，自分の言葉でまとめさせる。

❸ 板書計画

〔今日のめあて〕

生産した工業製品はどこへどのように販売されているのだろう。

| 輸出品ランキング | 輸出相手国ランキング | 貿易輸出港ランキング | 世界地図 |

〔資料から気付いたこと〕
・アメリカと中国への輸出額は全体の1／3以上になっている。輸出が多い国だ
・輸出品目は自動車が一番多い。自動車づくりの盛んな地域近くの港が貿易港の上位になっている
・貿易港の上位に成田国際空港が入っている。早く運べる飛行機で半導体などの小さなもの，一度にたくさん運べる船で自動車などの大きなものを運んでいるのではないか

〔まとめ〕

日本は，生産した工業製品を航空輸送や海上輸送などを使って，外国に販売している。

（小澤　靖子）

5年　小単元 15　情報を生かした販売業

「情報を生かした産業」を取り上げた指導

1　目標

1　大量の情報や情報通信技術の活用は，国民生活を向上させていることを理解するとともに，資料を適切に集め，読み取り，まとめる技能を身に付ける。
2　情報の種類や情報の活用の仕方などの知識をもとに，情報を生かして発展する産業が国民生活に果たす役割を考え，図表や文章に表現する。
3　意欲的に問題解決に取り組み，わが国の産業の発展や国民生活の向上について，自分の考えをまとめようとしている。

2　指導のアイデア

❶「見方・考え方」の働かせ方
・CM やカード，バーコード，Facebook など SNS のコンビニエンス・ストアーに関する資料をもとに，消費者のニーズについてどのように情報を集めているのだろう，情報をどのように活用しているのだろうと問いを立て，情報の種類や活用の仕方について着目できるようにする。
・昔と今のコンビニエンス・ストアーとを比べて，図表などに整理して，情報の生かし方の工夫と国民の利便性とを関連付けて考えられるようにする。

❷「主体的・対話的で深い学び」を実現させるために
・調べる段階において，近くのコンビニエンス・ストアーを見学し，情報の収集や情報の生かし方について店の人に聞き取りをしたり，レジなどを見学したりする時間を設定し，情報活用の現場や実物を具体的に捉えること

ができるようにする。
・コンピュータを活用した商品管理について，納品や陳列，販売と価格などストアーと本部とをつなぐネットワークについて学級全体で図に表し，情報の活用の様子を可視化できるようにする。

3　知識の構造図

中心概念：販売の仕事は，多様で大量の情報を収集し，活用したり，発信したりすることで様々なサービスを提供できるようになり，わたしたちの生活をより便利にしている。❾

具体的知識：

❶ コンビニエンス・ストアーは，店舗数や売り上げ額が増加し，わたしたちの生活に欠かせない店舗になっている。

❸ コンビニエンス・ストアーは，POSシステムを使って，様々な情報を収集し，分析して，商品の販売数や販売種類の選択などを行っている。

❹（同上）

❺ コンビニエンス・ストアーは，SNSを活用して情報収集を行い，新商品の開発をしたり，SNSを活用して販売の工夫をしたりしている。

❻ コンビニエンス・ストアーは，カードやインターネットを活用したチケット販売や商品の受け取りなどのサービスを行っている。

❼ コンビニエンス・ストアーは，POSシステムやカードを使って大量の情報を収集し，分析，活用して販売を行っている。

❽ コンビニエンス・ストアーは，電子タグを使った新しい販売や商品管理システムづくりに取り組んでいる。

用語・語句：
・便利
・コンビニエンス・ストアー
・POSシステム
・バーコード
・電子マネー
・SNS
・オンライン会議
・カード
・インターネット
・本部
・店舗
・情報ネットワーク
・電子タグ
・無人自動会計
・商品管理

（注）❷は学習問題について予想や学習計画を立てる時間のため，具体的知識はない。

4 指導計画（9時間扱い）

	主な学習活動・内容	資料	指導上の留意点
学習問題をつかむ(2)	❶商品や店舗数のグラフからコンビニエンス・ストアーの増加の理由や特徴について考え話し合う。 ・24時間開いていて便利。 ・どこにでもあるから便利。 ●今と昔のコンビニを比べて，情報を活用したコンビニの販売の仕方について学習問題を立てる。 ・今は，バーコードや電子マネーが使える。 ・カードでポイントがたまる。 ・チケットも買えるようになった。	◇商品（実物） ◇店舗数の変化（グラフ） ◇年表 ◇店舗・サービス（写真） ◇CM ◇コンビニの一日（文章）	・自分たちの利用の仕方と関連付けて，コンビニの特徴や自分たちの生活との関連に気付かせる。 ・今と昔の比較から現在情報を活用していることをつかませる。
	学習問題　コンビニエンスストアでは，どのように情報を活用して，売り上げをのばしたり，商品開発したりしているのだろう。		
	❷学習問題について予想を立て，調べる計画を立てる。 ・コンピュータを使って管理したり，発注したりしている。 ・実際にお店に行って，話を聞いたり見学したりして調べる。		・予想を整理して，調べる視点や調べる計画を学級全体でつくるようにする。
	❸❹コンビニエンス・ストアーの情報を活用した販売方法について調べ，まとめる。 ・POSシステムという情報収集・管理システムを使っている。 ・気象情報や行事，年齢や買った品物など様々な情報を集めている。 ・集めた情報によって商品の発注数や種類を変えている。	◇バーコード・レジ・スキャナー（写真）	・近くのコンビニに見学に行き，聞き取りや観察をし，具体的に捉えられるようにする。 ・POSシステムを図示し，情報活用を可視化する。
	❺コンビニエンス・ストアーの情報を活用した商品開発や販売の工夫について調べる。	◇Pontaカード（実物） ◇インターネットオ	・カードやオンライン会議から情報を収集して，商品の

	学習活動・児童の反応	資料	指導上の留意点
調べる (6)	・カードで集めた情報で商品開発している。 ・インターネットで24時間だれでも商品開発会議に参加できる。 ・ローソンは21種類のSNSで商品の宣伝やサービスを発信している。	ンライン会議ローソン研究所Blabo支店画面（写真） ◇SNSによる広告 ・Twitter画面 ・LINE画面	開発につとめていることを捉える。 ・21種類ものSNSを活用して商品の宣伝やサービスをしている様子を捉える。
	❻コンビニエンス・ストアーの販売以外のサービスについて調べ，まとめる。 ・チケットが買える。 ・商品が受け取れる。	◇ATM ◇チケット販売 ◇商品受け取り	・インターネットを活用したサービスも捉えられるようにする。
	❼コンビニエンス・ストアーの情報ネットワークと物流について調べ，関係図にまとめる。	◇ネットワーク図 ◇HP	・情報活用の様子が可視化できるように学級全体で図にまとめる。 ・情報活用したこれからのコンビニの姿を捉えられるようにする。
	❽コンビニエンス・ストアーの最新の販売方法について調べる。【本時】 ・電子タグを使ったサービスだ。 ・商品に電子タグがつき，自分でレジができるようになる。 ・買い物が早くなる。	◇電子タグ（写真） ◇映像「TVNewS」 ◇コンビニの方の話	・電子タグによる会計システムを扱う。
まとめる (1)	❾調べたことを整理し，学習問題に対する考えをまとめる。 ・コンビニでは，大量の様々な情報を集め，販売や商品開発に生かして，わたしたちの生活が便利になるように商品やサービスを販売している。	◇学習記録	・産業の発展と自分たちの生活とを関連付けて考えられるようにする。

5年 情報を生かした販売業

5　本時の学習指導案（8／9時間）

❶ ねらい

電子タグによる新しい商品管理や会計システムについて調べ，ますます発展する販売業と自分たちの生活の変化とを関連付けて考えることができる。

❷ 展開

主な発問・指示／予想される反応	資料	指導上の留意点
①電子タグを見て，電子タグが何か，どんな情報活用なのか話し合いましょう。 ・商品につけて，バーコードの代わりになるのではないか。 ・この電子タグに様々なデータが入っているのではないか。 ・このタグだけですべての情報が入っていて，直接本部に情報が集まるのではないか。	◇電子タグ（実物） ◇品物につけられたタグ（写真）	・電子タグが，情報活用したコンビニの新しい取り組みであることを伝える。 ・これまでの情報収集，分析，管理システムをもとに考えられるように助言する。

> コンビニは，電子タグを使ってどのように情報を活用し，販売に生かそうとしているのだろう。

②電子タグについて調べましょう。 ・小さい電子タグに商品名，値段などの基本的な情報が入っている。 ・商品一つ一つに取り付ける。 ・誤作動がほとんどない。	◇電子タグ（実物） ◇RFID（電子タグ）について（話）	・電子タグの活用が実験的に始まっていることを伝える。 ・まずは，電子タグ自体の特徴をつかむようにする。
③電子タグの実験的な取り組みの様子について調べましょう。 ・電子タグで無人会計ができる。 ・電子タグだと商品を一度に一斉に会計ができ，会計が早くなる。 ・働く人が少なくても電子タグで会計や商品管	◇「TVNewS」（映像） ◇電子タグによる会計の様子（写真）	・映像により，実際に活用されている様子を捉えられるようにする。 ・コンビニの人材不足という課題への対応

理ができる。 ④これからますます発展するコンビニ産業と自分たちの生活の変化との関係について話し合いましょう。 ・情報の活用で，ますますわたしたちの生活が便利になる。	◇コンビニの方の話 ◇SNSによる広告やサービスの増加	にもなることを捉える。 ・これからのコンビニの姿と自分たちの生活の変化について考えるようにする。

📖❸ 板書計画

〔今日のめあて〕

コンビニは，電子タグを使ってどのように情報を活用し，販売に生かそうとしているのだろう。

・バーコードのかわり　　　　　　　　　　　　　　　　　・電子タグで無人会計
・情報が入っている　　[電子タグの写真]　　[レジの写真]　・電子タグで商品管理
・レジであてると会計
　ができる

　　　　　　　　　　[電子タグのついた商品の写真]　→無人会計ではやい
　　　　　　　　　　　　　　　　　　　　　　　　　　→誤作動が少ないから商品管理が
　　　　　　　　　　　　　　　　　　　　　　　　　　　正確にできる

（小倉　勝登）

小単元 16 自然災害を防ぐ

「国土の自然災害」を取り上げた指導

1 目標

1. わが国の国土の自然環境と国民生活との関連について，自然災害は国土の地形や気候の条件などと関連して発生していることや，国や県などが自然災害から国土を保全し国民生活を守るために，様々な対策や事業を進めていることを理解するとともに，地図帳や各種資料で調べ，まとめる技能を身に付ける。
2. 災害の種類や発生の位置や時期，防災対策などの知識をもとに，国土の自然災害の状況を捉え，自然条件との関連を考え，表現する。
3. 意欲的に問題解決に取り組み，よりよい社会を考え学習したことを社会生活に生かそうとする態度を養うようにする。

2 指導のアイデア

❶「見方・考え方」の働かせ方
- わが国では様々な自然災害が発生していることを押さえた上で，それらが発生した地域を白地図に書き込ませ，自然災害が国土の「どこでも」発生していることを捉えさせる。
- 発生時期を年表に位置付け，自然災害は「いつでも」発生していることに気付かせる。空間的，時間的な見方・考え方を働かせながら，わが国の自然災害についての概要を捉えられるようにする。

❷「主体的・対話的で深い学び」を実現させるために
- 調べる段階において，地震や津波災害の対策について調べ，その事実をも

とに国や県などの人の思いを話し合う時間を設定することで，その対策の本来の意図に気付かせていく。調べた事実をもとにその意図や目的について話し合いを進め，さらに理解を深めていくことが大切である。

3　知識の構造図

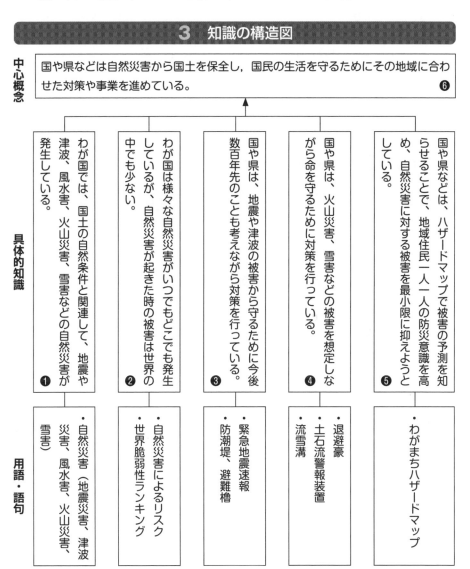

4　指導計画（6時間扱い）

	主な学習活動・内容	資料	指導上の留意点
学習問題をつかむ(2)	❶自然災害の種類や起きる位置，時期について調べる。【本時】 ・日本では様々な種類の自然災害が起きている。 ・地形によって起きる災害の種類が違う。 ・自然災害は何度も繰り返し起きている。 ●日本では様々な種類の自然災害が全国各地で起きる理由について話し合う。 ・日本は，地形や気候の特色によって全国各地で様々な自然災害が起きやすい国である。	◇災害の種類（写真） ◇白地図 ◇近年起きた自然災害（年表） ◇地図帳	・地図や年表を活用し，自然災害が「どこでも，いつでも」起きやすいことに気付かせる。 ・国土の地形や気候と自然災害を関連付けて考えさせる。
	❷自然災害の発生状況と被害について調べる。 　日本の自然災害について話し合い，学習問題をつくろう。 ・世界の中で日本は自然災害が起きるリスクが高い。 ・多くの災害が起きているが，その被害は少ない。 ●疑問に思ったことを交流し，学習問題を設定する。 ・なぜ日本は災害が起きるリスクは高いのに被害が少ないのだろう。 ・自然災害を防ぐために国や県などが対策をしているのではないか。	◇国別自然災害によるリスク ◇国別脆弱性ランキング	・日本の災害の起きるリスクの高さと脆弱性ランキングの低さから，防止の対策に目を向ける。
	学習問題　自然災害からわたしたちの生活を守るために，国や県などではどのような対策をとっているのだろうか。		
	●予想を出し合い学習計画を立てる。 ・地震災害や津波災害の対策 ・火山災害，雪害の対策		・予想を分類し，調べるべきことを整理する。

	・風水害の対策		
調べる(3)	❸地震災害や津波災害への国や県の対策を調べ、国や県などの人の思いを話し合う。 地震や津波に対して国や県はどのような対策をしているのだろうか。 ・緊急地震速報、防潮堤や避難櫓など ・被害の少ないまちづくりを目指し、数百年に一度の大災害にも備えている。	◇地震や津波災害に対する国や県などの取り組み ◇国や県の人の話	・数百年後の未来の人に向けての取り組みでもあることに目を向けられるようにする。
	❹火山災害、雪害への国や県の対策を調べ、国や県などの人の考えを話し合う。 火山災害、雪害に対して国や県はどのような対策をしているのだろうか。 ・退避壕や土石流警報装置、流雪溝など ・災害によって対策は違い、国や県の人は災害を想定しながら対策をしている。	◇火山災害、雪害への取り組み ◇国や県の人の話	・いつ起きるか分からない災害に対して備えていることに着目させる。
	❺風水害への対策について調べ、対策の目的を話し合う。 なぜハザードマップを地域住民に公開しているのだろうか。 ・ハザードマップで地域の被害予測を知らせ、地域住民が協力し合い被害を最小限に抑えようとしている。 ・国や県の取り組みに加え国民一人一人が防災意識を高めることも大切である。	◇わがまちハザードマップ（国土交通省） ◇国土交通省の人の話	・ハザードマップの目的に着目し、「一人一人の防災意識を高めること」の大切さに目を向けさせる。
まとめる(1)	❻調べたことを整理し、学習問題に対する自分の考えをまとめる。 ・自然災害は国土の自然条件と関連して発生しているので、国民の生活を守るために国や県などはその地域に合わせた対策や事業を進めている。	◇これまで調べてきたノートや作品	・第1時の白地図に調べたことを加筆し、関連付けながらまとめていく。

5年　自然災害を防ぐ

2章　社会科「重点単元」授業モデル　127

5　本時の学習指導案（1／6時間）

📖❶ ねらい

日本で発生した主な自然災害の種類や発生した位置や時期について調べ，自然災害と国土の自然条件を関連付けて考えることができる。

📖❷ 展開

主な発問・指示／予想される反応	資料	指導上の留意点
①わたしたちの命をおびやかす自然災害には，どのようなものがありますか。 ・地震や津波，水害，土砂災害，火山の噴火など。	◇災害の種類（写真）	・様々な種類の自然災害が起きていることに気付かせる。
②それらの自然災害はどこで起きていますか。日本で起きた主な災害の種類ごとに白地図に表しましょう。 ・津波は海沿いの地域で起きている。 ・土砂災害は山がちな地域で起きている。 ・火山の噴火は，九州地方が多い。	◇白地図 ◇災害の種類と主な地域	・国土の地形と自然災害に種類から，場所による災害の違いに気付かせるようにする。
③それぞれがいつ起きたか，年表に整理しましょう。 　2011年：東日本大震災（東北地方） 　2015年：口永良部島の噴火（鹿児島県）等 ・日本各地で災害が繰り返し起きている。 ④今日のめあてを確認しましょう。	◇近年の日本で起きた自然災害（年表）	・様々な災害が繰り返し起きていることに気付かせる。
なぜ日本はこんなにも多くの自然災害が繰り返し起きるのだろうか。		
⑤これまでの学習や調べたことをもとにしながら話し合いましょう。 　地震・津波　日本は地震の原因となるプレートがぶつかり合う場所が多いから。また無数の活断層が全国各地にあるから。	◇日本のプレートと活断層（地図）	・調べてまとめた地図と地図帳を活用し，国土の地形や気候などの特徴と関連付けて考えさせる。

洪水 川が短く急流のため，大雨が降ると堤防が決壊することがあるから。 雪害 北海道や東北地方では冬になると積雪量が多いから。 火山の噴火 わが国には活火山が約110もあるから。 土砂崩れ 山がちな国土で大雨が降ると崩れやすいから。 ⑥日本で自然災害が数多く様々な種類が起きる理由について，まとめましょう。 ・日本は，地形や気候の特色によって全国各地で様々な自然災害が起きやすい国である。	◇日本の川の特徴 ◇日本の気候の特徴 ◇火山の分布と活火山の数 ◇降水量や台風などによる大雨の数	・自然災害の種類ごとにグループで分担し，クラス全体で話し合いながらまとめていく。 ・調べたことと話し合ったことを総合して，自分の言葉でまとめさせる。

❸ 板書計画

〔今日のめあて〕
なぜ日本はこんなにも多くの自然災害が繰り返し起きるのだろうか。

〔考えたこと〕
地震・津波 日本は地震の原因となるプレートがぶつかり合う場所が多いから
洪水 川が短く急流のため，大雨が降ると堤防が決壊することがあるから
火山の噴火 わが国には活火山が約110もあるから

地震による被害の様子　津波による被害の様子　火山による被害の様子

風水害による被害の様子

雪による被害の様子

〔調べたこと〕
・地震が起こりやすい（活断層が多い）
・川は短く，急流
・活火山…現在111
・大雨による土砂くずれ
　　　　　　　　　　など

自然災害年表

〔まとめ〕
日本は，地形や気候の特色によって全国各地で様々な自然災害が起きやすい国である。

（佐藤　智彦）

6年 小単元 17 日本国憲法

「日本国憲法」を政治学習の導入で扱った指導

1 目標

1 　わが国の政治の働きについて，日本国憲法は国家の理想，天皇の地位，国民としての権利及び義務など国家や国民生活の基本を定めていることや，現在のわが国の民主政治は日本国憲法の基本的な考え方に基づいていることを理解するとともに，見学・調査や各種資料で調べ，まとめる技能を身に付ける。
2 　日本国憲法の基本的な考え方をもとに，わが国の民主政治を捉え，日本国憲法が国民生活に果たす役割や，国会，内閣，裁判所と国民との関わりを考え，表現する。
3 　意欲的に問題解決に取り組み，よりよい社会を考え学習したことを社会生活に生かそうとする態度やわが国の将来を担う国民としての自覚を養うようにする。

2 指導のアイデア

❶ 「見方・考え方」の働かせ方

・わが国の民主政治が，日本国憲法の三原則の考えと深く関わっていることを，相互関係的な見方・考え方を働かせ，私たちの日常生活との関連で考えるようにする。
・国政の仕組みとしての国会，内閣，裁判所の役割について，相互関係的な見方・考え方を働かせたり，学んだことを関連，総合させたりしてそれぞれと国民生活との関わりや三権相互の関連を考え，理解できるようにする。これらの活動を通して，国民としての政治への関わり方を考えさせる。

📖❷ 「主体的・対話的で深い学び」を実現させるために

・既習事項をきっかけに、身の回りのきまり、それらのもとになる日本国憲法と子どもの思考をつなげていくことで、5年生までの学習と6年生の学習を円滑につなげ、ともすると難しくなりがちな憲法に関わる学習に主体的に取り組めるようにする。

・まとめの時間に、「自分の考えを深める」「学習問題について考えを深める」と目的を変えた交流を2回行うことで対話的に学びを深めていく。

・上記の学習を実現するために、三権の学習を作業的にして時間を確保する。

3　知識の構造図

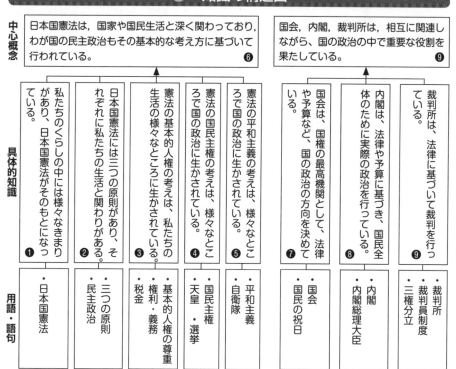

4　指導計画（9時間扱い）

	主な学習活動・内容	資料	指導上の留意点
学習問題をつかむ(2)	❶5年生までに学習したことを想起し，身の回りにあるきまりを探す。 ・種類別にごみを出す日が決まっている。 ・環境を守るためのきまりがあった。 ●なぜきまりができたのか，そのきまりのもとになっているものは何かを考える。 ・気持ちよく生活できるようにするため。 ・市や県のきまり　・日本国憲法	◇ごみ集積所の写真 ◇公害に関わる写真	・この他，情報活用に関わる問題など，小学校における法教育の観点からも，既習の学習を生かすようにしたい。
	❷日本国憲法にはどのような考え方があるのだろう。 ・資料を見て，国民が気持ちよく生活するためにはどのようなことが必要かを話し合う。 ・国民の誰もが普通に暮らせること。 ・国民みんなで日本のことを考えること。 ・安全に暮らせること。 ●話し合ったことをもとに，三原則を知る。 ・基本的人権の尊重　・国民主権　・平和主義 ●憲法とくらしがつながる例を提示する。 ・他にはどんなものがあるのだろう。	◇紛争，学校に通えない子どもなど世界の事象（写真） ◇教科書の裏表紙 （無償配布）	・日本国憲法の三原則が保障されていないと起こりうる事例として資料を提示する。 ・子どもから出された意見をもとに，キーワードを子どもと考え，三原則につなげる。

> 学習問題　日本国憲法の考え方は，わたしたちの生活のどのようなところに生かされているのだろう。

	●三原則とくらしのつながりを予想し，学習計画を立てる。 ・国民主権の考えから選挙をしているのではないか。		
	❸基本的人権の考えと私たちのくらしはどのようにつながっているのだろう。	◇学校や地域にある福祉施設の写真	・教育を受ける権利，参政権，納税の義務などを

調べる(3)	・町に見られる福祉施設を調べる。 ・権利と義務について調べ、生活していく中でどのように考えていけばよいか話し合う。		中心に考えさせる。
	❹ 国民主権の考えは国の政治にどのように生かされているのだろう。 ・参政権としての選挙について調べ、投票率の低下について話し合う。 ・天皇の国事行為について調べる。	◇最近の国政選挙の投票率の推移（総務省）	・国民主権を支える重要な仕組みとして選挙に関わる課題も扱う。
	❺ 平和主義の考えは国の政治にどのように生かされているのだろう。 ・非核三原則や平和都市宣言を調べる。 ・憲法前文の平和への誓いについて話し合う。	◇平和都市宣言 ◇自衛隊の活動写真	・日本国憲法の前文（小学館）を読み、平和主義を話し合わせる。
まとめる(1)	❻ 学んできたことをもとに、日本国憲法と国民生活とのつながりを整理して、学習問題についてまとめよう。 ・「〇〇にとっての日本国憲法」として、国民の立場を選択して憲法との関係を整理し、友だちとの交流を経て、学習問題をまとめる。 【本時】		・子ども・大人・高齢者・障害者等、子どもに立場を選択させ、同選択の友だちや全体と意見を交流させる。
作業的に調べる(3)	❼教科書等を参考に、国会の働きについて調べ、国民との関係を図と言葉でまとめる。 ・国会の仕組みや国会が行うこと。 ・法律ができるまでの流れ。税金の流れ。	◇教科書	・国政の仕組みについては作業学習とする。 ・作業は❼❽❾で画用紙を１／４ずつ使用し、残りの１／４に国会,内閣,裁判所への関わり方について自分の言葉で整理させる。
	❽教科書等を参考に、内閣の働きを調べ、国民との関係を図と言葉でまとめる。 ・内閣の仕組みや内閣が行うこと。	◇教科書	
	❾教科書等を参考に、裁判所の働きを調べるとともに、国民との関係を図と言葉でまとめ、国の政治の仕組みについて自分の考えを書く。	◇教科書	

5　本時の学習指導案（6／9時間）

📖❶ ねらい

これまで学んできたことを関連させ，様々な立場から国民と日本国憲法の関係を整理しながら学習問題についてまとめることができる。

📖❷ 展開

主な発問・指示／予想される反応	資料	指導上の留意点
①これまで学習してきたことをノートで振り返ってみましょう。 ・基本的人権の考えに基づくものが多くある。 ・国民主権では選挙がとても大切だと思った。 ②今日は学習問題についてまとめるために，次のめあてで学習します。	◇ノート	・第3〜5時のまとめで，めあてについて分かったことと考えたことを書かせておく。
学んできたことをもとに，日本国憲法と国民生活とのつながりを整理して，学習問題についてまとめよう。		
③「○○にとっての日本国憲法」として，様々な国民の立場に立って，自分たちと憲法がどのようにつながっているのかをノートに書きましょう。 子ども 教育を受ける権利がある。憲法によって教科書が無償になる。 大人 選挙権がある。親は子どもに教育を受けさせる義務や税金を納める義務がある。 高齢者 働けなくなっても生活できる仕組みがある。 障害者 障害者が困らないように施設や設備を整えている。 ④別のグループの同じ立場を選んだ友だちと意見交換をしましょう。自分とは違う意見	◇ノート ◇教科書 ◇資料集　等	・見開き2ページでノートを使うことを知らせ，使い方を黒板で示す（板書はノートと同様の使い方をする）。 ・4人グループで4つの立場を選択させ，ノートや教科書等を活用して書くようにする。

はノートに付け加えていきましょう。 ⑤グループに戻り，4つの立場から日本国憲法と国民生活とのつながりについて意見交換をしましょう。 ⑥それぞれの立場の中でとてもよくまとめられている友だちを推薦し，発表してもらいましょう。 ・お父さんやお母さんには，憲法の基本的人権を尊重するために，たくさんの権利や義務がある。働いて税金を納めることで，わたしたち国民が安心して生活できるようになっている。 ⑦学習問題についての自分の考えを次のキーワードを使ってまとめましょう。 　日本国憲法　三原則　国民生活　つながり ⑧まとめたことを発表しましょう。	・ノートを持って，自由にノート交換をさせる。 ・学習問題についてのまとめを書く際の支援となるよう，要点を板書する。

📖❸ 板書計画

〔学習問題〕日本国憲法の考え方は，わたしたちの生活のどのようなところに生かされているのだろう。

〔今日のめあて〕学んできたことをもとに，日本国憲法と国民生活とのつながりを整理して，学習問題についてまとめよう。

〈子どもの立場から〉
・教育を受ける権利があり，教科書も無償で配られている。
・○○○○○○○○○○○○○

〈大人の立場から〉
・基本的人権を尊重するためにたくさんの権利や義務がある。
・働いて税金を納めることで，国民が安心して生活できるようになっている。

〈高齢者の立場から〉
・○○○○○○○○○○……

〈障害者の立場から〉
・学校や町の中には，障害者が困らないように考えられた設備や施設がある。
・○○○○○○○○○○……

〔まとめ〕
日本国憲法　三原則　国民生活　つながり

（吉村　潔）

18 武士の世の中へ

「世界との関わり」を位置づけた歴史の指導①

1 目標

1 源平の戦い，鎌倉幕府の始まり，元との戦いを手掛かりに，武士による政治が始まったことを理解するとともに，地図や年表等各種資料で調べたことを文章などでまとめていく技能を身に付ける。
2 武士が台頭してきたことや源平の戦いの様子，鎌倉幕府の政治の仕組み，元との戦いについて調べて分かったことをもとに，この頃の世の中の様子を考え，表現する。
3 意欲的に問題解決に取り組み，歴史を学ぶ意味を考え，表現することができるようにする。

2 指導のアイデア

❶「見方・考え方」の働かせ方

・学習問題に対する予想を考えさせる場面，学習問題に対する自分の考えをまとめる場面で年表を使う。予想する場面では武士による政治が始まることが分かる出来事を入れ，まとめる場面ではこれまで学習したことを書き込める年表を用意する。
・源平の戦い・鎌倉幕府の位置・モンゴル帝国の勢力図については，地図を活用することで，時間軸と空間軸でこの時代の様子を捉えられるようにする。

❷「主体的・対話的で深い学び」を実現させるために

・まとめる場面において，調べて分かったことをまずは自分で考え，それを

文章に表現する。その後，少人数グループで考えを表現し，精選された文章にしていく。最後にそれらを学級の場で発表し，共通するキーワードを見つけたり一つの文章にまとめたりする。そうすることで，抽象的な概念が深まりのある理解となる。

3 知識の構造図

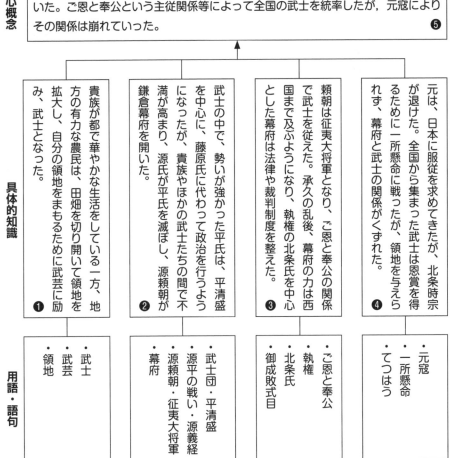

4　指導計画（5時間扱い）

	主な学習活動・内容	資料	指導上の留意点
学習問題をつかむ(1)	❶貴族と武士のくらしを比較する。 ・武士のくらしのほうが質素。 ●武士の願いを考え，学習問題を設定する。 ・自分たちのための政治をしたい。	◇武士のやかたの様子（想像図）と貴族のやしきの様子（想像図）	・「武士」とは何かをつかませる。 ・やがて武士が力をもつことが分かるようにする。
	学習問題　武士が力をもつことで，世の中はどのように変わっていったのだろうか。		
	●年表をもとに，学習問題に対する予想を考える。 ・武士による政治が始まる。	◇年表	
調べる(3)	❷武士が勢力をのばし，平氏による武士の政治が始まったこと，源平の戦いで義経・頼朝が勝利したこと，頼朝が鎌倉に幕府を開いたことについて調べる。 ・武士は武士団をつくり，地方の反乱をしずめるなどして，平氏と源氏が力をつけた。 ・平清盛が貴族の藤原氏に代わって政治を行うようになった。 ・源頼朝が平氏を倒そうと兵を挙げ，源義経が率いた源氏が平氏を滅ぼした。 ・源頼朝が鎌倉に幕府を開いた。	◇年表 ◇厳島神社（写真） ◇壇ノ浦の戦い（絵図） ◇源平の戦い（地図）	・平清盛，源頼朝，源義経，それぞれの人物が何を行ったのかを調べさせる。 ・義経のエピソードや活躍の様子について教科書や資料集を使って調べながら，武士の世の中へ移り変わる時代の様子と関連付けて考えさせる。
	❸鎌倉の地図やご恩と奉公の関係図などをもとに鎌倉幕府の特色について調べる。	◇鎌倉の地図 ◇ご恩と奉公	・源頼朝と武士の関係については，

	・源頼朝はご恩と奉公の関係で武士を従えた。 ・鎌倉幕府の力は西国にまで及ぶようになり，執権の北条氏を中心とした幕府は法律や裁判の制度を整えて支配力を強めていった。	の関係図 ◇鎌倉幕府の仕組み ◇御成敗式目	各地の武士を守護・地頭に任命することや領地の所有と関連付けて考えさせる。
	❹元との戦いやその後の鎌倉幕府の様子について調べる。【本時】 ・武士たちは，元軍の集団戦術や火薬鉄器（てつはう）などに苦しみながら，恩賞を得るため一所懸命に戦った。 ・鎌倉幕府は，元寇で活躍した武士たちに新しい領地を与えることができず，ご恩と奉公で結び付いていた幕府と武士の関係がくずれた。	◇てつはう（写真） ◇モンゴルの広がり（地図） ◇蒙古襲来絵詞	・元との戦いにおける武士たちの活躍については，ご恩と奉公の関係と関連づけて考えさせる。 ・元寇では恩賞を与えられず，鎌倉幕府崩壊のきっかけとなったことを捉えさせる。
まとめる (1)	❺これまで学習したことを年表に整理し，学習問題に対する自分の考えをまとめる。 ・武士による政治が始まり，源頼朝はご恩と奉公という主従関係によって武士を統率した。しかし，元寇があり，勝利したものの，与える領地がなく，武士たちの不満が高まり，鎌倉幕府の力が衰えていった。	◇年表	・年表にまとめる際には，基礎的・基本的知識の習得に留意する。

5　本時の学習指導案（4／5時間）

📖❶ ねらい

　北条時宗が九州の御家人を中心に全国の武士を動員し，当時勢力をもっていた元の攻撃を退けたこと，鎌倉幕府が全国的に力をもっていたことについて調べ，元寇により幕府と武士の信頼関係がくずれていったことを考えることができる。

📖❷ 展開

主な発問・指示／予想される反応	資料	指導上の留意点
①元はどのような力をもっていたでしょうか。 ・中国のほとんどを支配していた。 ・ヨーロッパに勢力を広げていた。 ②力をもった元が日本にせめてきました。今日のめあてを確認しましょう。	◇元（モンゴル帝国）の勢力図（世界地図）	・地図を活用し，元（モンゴル帝国）が勢力を広げようとしていることを捉えさせる。
鎌倉幕府は元とどのように戦い，その後どうなったのかを調べよう。		
③「元との戦い」の絵図や資料を見て，元の兵士と武士がどのように戦ったのか，表にまとめましょう。 ・武器…（元）てつはう　（日）弓矢・刀 ・戦い方…（元）集団　（日）一対一	◇蒙古襲来絵図	・蒙古襲来絵図や資料を提示し，元と日本の戦い方の違いを読み取らせる。
④日本軍が勝利した理由を，資料をもとに考えましょう。 ・全国の武士が一所懸命に戦った。 ・石塁などで防衛をした。 ・暴風雨があり，元の船が沈んだ。	◇防塁跡（写真） ◇守りに向かう武士たち（絵図）	・鎌倉幕府の力が全国に及んでいたことにも目を向けさせる。
⑤竹崎季長が鎌倉幕府に対し，恩賞を直訴している絵を見て，吹き出しに会話を予想して書きましょう。 ・幕府「武功は認めるが，与えられる領地がな	◇恩賞を求める武士（絵図）	・恩賞を与えられなかったのは，元寇が土地を奪うものではなく侵略を防ぐための

140　〈6年〉

- 武士「一所懸命に戦ったので，領地をください」
- ⑥今日のまとめをしましょう。
- 元は日本に服従を求めてきたが，北条時宗は従わず，元が日本にせめてきた。全国から集まった武士は，恩賞を得るために一所懸命戦ったが得られず，幕府と武士の関係がくずれた。

| 戦いであったことに気付かせる。 |
| 個人で本時のまとめを考えさせた後，グループで意見交流を行わせる。そこでまとめた考えを発表させる。 |

3 板書計画

〔今日のめあて〕鎌倉幕府は元とどのように戦い，その後どうなったのかを調べよう。

13世紀頃のモンゴル帝国勢力地図

- 中国に勢力を広げていた
- ヨーロッパに勢力を広げていた

	元軍	日本の武士
武器	てつはう	弓矢・刀
兵士	多い	少ない
戦い方	集団	一対一
その他	船で上陸	石塁

武功は認めるが，与えられる領地がない。

一所懸命に戦ったので，領地をください。

〔まとめ〕
元は日本に服従を求めてきたが，北条時宗は従わず，元が日本にせめてきた。全国から集まった武士は，恩賞を得るために一所懸命戦ったが得られず，幕府と武士の関係がくずれた。

（樋口のぞみ）

6年 小単元 19 戦国の世

「世界との関わり」を位置づけた歴史の指導②

1 目標

1 キリスト教の伝来，織田信長や豊臣秀吉の働きによる天下統一を手掛かりに，戦国の世が統一されたことを理解するとともに，地図帳や年表などの資料で調べ，まとめる技能を身に付ける。
2 室町から戦国時代の様子，織田信長や豊臣秀吉の働きなどの知識をもとに，戦国の世に統一を果たした織田信長や豊臣秀吉の役割を考え，表現する。
3 意欲的に問題解決に取り組み，戦国の世の中の統一には，戦いのない世の中にしたいという当時の人々の平和を願う気持ちがあり，平和を願う態度を養うようにする。

2 指導のアイデア

❶「見方・考え方」の働かせ方

・学習問題づくりでは，1560年と1582年の信長の領土，1590年の秀吉の領土の変遷を示し，どのようにして戦国の世を統一したのだろうかという問いをもたせていく。
・世界地図でポルトガルやスペインの位置，ザビエルの日本への航路を示し，鉄砲伝来やキリスト教の伝来は，当時の世界史的な影響を受けた出来事であることを捉えさせる。また，日本への広がり方も，日本地図で九州や中国地方に広まったことを捉えさせる。
・東アジアの地図や朝鮮出兵の進路を示し，秀吉の朝鮮出兵は，朝鮮から中国への征服を目指したものであることを捉えさせる。

②「主体的・対話的で深い学び」を実現させるために

・まとめる段階において、戦国の世の統一に果たした信長と秀吉の役割について、二人の行った新しい政策等を関連付けてまとめる。その際、まずグループでの話し合い、次に全体で話し合わせる。信長や秀吉の政策は、これまでとはどんな点が違っていたかという視点で考えさせる。また、戦国の世だからこそ、平和を希求するということを感じさせたい。

3 知識の構造図

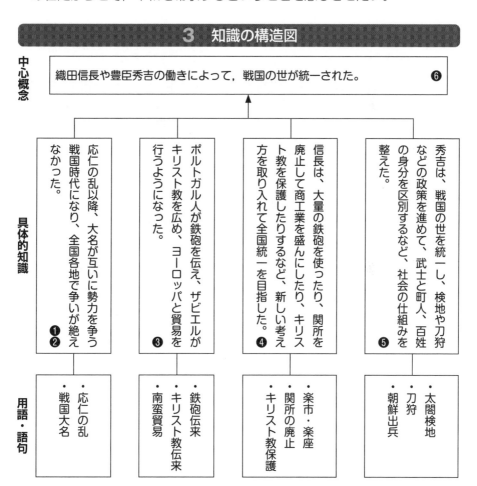

中心概念

織田信長や豊臣秀吉の働きによって、戦国の世が統一された。❻

具体的知識

- 応仁の乱以降、大名が互いに勢力を争う戦国時代になり、全国各地で争いが絶えなかった。❶❷
- ポルトガル人が鉄砲を伝え、ザビエルがキリスト教を広め、ヨーロッパと貿易を行うようになった。❸
- 信長は、大量の鉄砲を使ったり、関所を廃止して商工業を盛んにしたり、キリスト教を保護したりするなど、新しい考え方を取り入れて全国統一を目指した。❹
- 秀吉は、戦国の世を統一し、検地や刀狩などの政策を進めて、武士と町人、百姓の身分を区別するなど、社会の仕組みを整えた。❺

用語・語句

- ・応仁の乱
- ・戦国大名
- ・鉄砲伝来
- ・キリスト教伝来
- ・南蛮貿易
- ・楽市・楽座
- ・関所の廃止
- ・キリスト教保護
- ・太閤検地
- ・刀狩
- ・朝鮮出兵

4 指導計画（6時間扱い）

	主な学習活動・内容	資料	指導上の留意点
学習問題をつかむ（2）	❶長篠の戦いの絵図を見て気付いたことや疑問に思ったことを話し合う。 ・鉄砲が使われる。 ・戦いが多い世の中。 　戦国の世の中は，どのような様子だったのだろう。 ●応仁の乱から長篠の戦いまでの様子を調べる。 ・応仁の乱で室町幕府の力は衰える。 ・戦国大名同士で互いに争う。 ・戦いに鉄砲が使われるようになる。 ❷3つの年の戦国大名の領地図を見て話し合う。 ・織田氏の領地が増えた。 ・秀吉が日本全国を支配するようになった。 　学習問題　信長と秀吉は，どのようにして戦国の世を統一したのだろう。 ●予想を出し合い学習計画を立てる。 ・鉄砲やキリスト教の普及 ・信長の働きや政策 ・秀吉の働きや政策	◇長篠の戦いの絵図 ◇年表 ◇戦国大名の領地図 ◇1560年，1582年，1590年の戦国大名の領地図	・絵図の左右を比べての違いを見つけさせ，どちらが勝ったかなど予想させて，興味をもたせる。 ・年表から戦いが多い戦国の世の中に気付かせる。 ・3つの年の領地変化から学習問題をつくる。
	❸当時の世界の様子から鉄砲やキリスト教が伝えられたことを調べる。【本時】 　鉄砲やキリスト教はどこから伝わり，なぜ広まったのだろう。 ・ポルトガルやスペインは，アジアの国にキリ	◇ザビエルの日本上陸までの航路の地図 ◇ザビエルの年表	・ヨーロッパから東アジアに航路が開かれ，東アジアの人々にキリスト教を広めようとしたこと

144　〈6年〉

調べる(3)	スト教を広めようとしたり，貿易をしようとしたりした。 ●鉄砲やキリスト教が伝わって，日本はどう変わってきたか調べる。 ・鉄砲を使うようになって戦い方が変わる。 ・キリスト教を保護する大名が増える。 ・民衆にキリスト教が広がる。	◇南蛮寺や宣教師の絵図	に気付かせる。 ・鉄砲のよさ，キリスト教のよさから，戦国の世への影響を考えさせる。
	❹信長の戦い方を調べる。 　信長は，どのようにして全国統一を目指したのだろう。 ・大量の鉄砲を使う。 ・室町幕府を滅ぼす。 ●信長の政策を調べる。 ・楽市・楽座　・関所を廃止 ・キリスト教を保護　・南蛮貿易	◇信長の戦い方の工夫の文書資料 ◇信長の政策の文書資料	・信長の政策が新しい考え方を取り入れたものであることに気付かせる。
	❺秀吉の戦い方を調べる。 　秀吉は，どのようにして全国統一を進めたのだろう。 ・全国を統一する。 ・朝鮮に出兵する。 ●秀吉の政策を調べる。 ・太閤検地　・刀狩 ・武士と町人，百姓の身分を区別する。	◇秀吉の戦い方の文書資料 ◇秀吉の政策の文書資料	・秀吉の政策は戦いが起こらないようにするものであることに気付かせる。
まとめる(1)	❻調べたことを整理し，戦国の世の統一に果たした二人の役割を考え，学習問題に対する自分の考えをまとめる。	◇これまで調べてきたノート	

6年　戦国の世

5 本時の学習指導案（3／6時間）

❶ ねらい

鉄砲やキリスト教の伝来を地図や年表などで調べ，鉄砲やキリスト教の伝来は戦国の世が統一されるのに大きな影響を及ぼしたことを理解することができる。

❷ 展開

主な発問・指示／予想される反応	資料	指導上の留意点
①鉄砲やキリスト教が伝えられたのはいつ，どの場所で，その後どうなったのでしょう。 ・鉄砲は1543年，ポルトガル人によって種子島に伝えられた。 ・日本で鉄砲の生産が盛んになった。 ・キリスト教は1549年，スペインの宣教師ザビエルによって鹿児島に伝えられた。 ・九州や中国地方を中心にキリスト教が保護された。	◇世界地図 ◇日本の鉄砲の生産地 ◇キリシタン大名の領土図	・世界地図でポルトガルやスペインの位置を調べ，どのように日本に来たか興味をもたせる。 ・鉄砲もキリスト教も，日本に急速に広まったことに気付かせる。
鉄砲やキリスト教はどこから伝わり，なぜ急速に広まったのだろうか。		
②今日のめあてを予想しましょう。 ・鉄砲は戦いに有利だから。 ・キリスト教の教えがよかったから。 ③当時の世界の様子から鉄砲やキリスト教が伝えられたことを調べましょう。 ・ヨーロッパから東アジアに航路が開かれ，船の行き来が活発になった。 ・東アジアの人々にキリスト教を広めようとした。 ・キリスト教を広める多くの宣教師が日本に来た。	◇ザビエルの日本上陸までの航路の地図 ◇ザビエルの年表 ◇南蛮寺や宣教師の絵図	・難しくない程度に，ザビエルの年表にコロンブスやバスコダガマの航路の発見や，イエズス会の布教活動，日本での布教などを入れて作成する。

④鉄砲やキリスト教が伝わって，日本はどう変わってきたか考え話し合いましょう。 ・鉄砲を使うようになって戦い方が変わる。 ・キリスト教を保護する大名が増える。 ・民衆にキリスト教が広がる。 ・貿易を行うようになった。 ・ヨーロッパの品物や文化が日本にもたらされた。 ⑤今日のめあてについてまとめましょう。 ・ヨーロッパから日本に来る航路が開かれ，もたらされた鉄砲が戦国時代の戦いに有利だったことや，宣教師が日本に来て広めたキリスト教の教えが人々の心をとらえたから。	◇長篠の戦いの絵図 ◇南蛮貿易の様子の絵図 ◇パン，カステラなどの言葉	・鉄砲はこれまでの戦いのやり方を変えたことに気付かせる。 ・キリスト教を保護したり貿易をしたりして外国の文化が入ってきたことに気付かせる。

📖❸ 板書計画

鉄砲：1543年，ポルトガル人，種子島
キリスト教：1549年，ザビエル，鹿児島

| 日本の鉄砲の生産地 | キリシタン大名の領土図 |

〔調べたこと〕
・東アジアに航路が開かれた
・東アジアの人にキリスト教を広めた
・南蛮貿易が行われた

〔今日のめあて〕
鉄砲やキリスト教はどこから伝わり，なぜ急速に広まったのだろうか。

ザビエルの年表

〔考えたこと〕
・鉄砲で戦い方が変わった
・民衆にキリスト教が広がった
・外国の文化が入ってきた

| ザビエルの航路図 | 南蛮寺や宣教師の絵図 |

〔まとめ〕
外国の文化が入り，もたらされた鉄砲が戦いに有利だったことや，キリスト教の教えが人々の心をとらえたから。

（坂本　正彦）

6年 小単元20 明治維新

「世界との関わり」を位置づけた歴史の指導③

1　目標

1　幕末から明治の初めの頃，わが国は明治維新を機に欧米の文化を取り入れつつ近代化を進めたことを理解するとともに，写真や絵画などの資料から世の中の様子や人物の業績に関する情報を適切に読み取ったり，調べたことを年表や図表などに適切に整理したりする技能を身に付ける。

2　当時の欧米諸国がアジア進出を進めていたこと，黒船の来航後に近代化が進み欧米の文化が取り入れられたこと，明治政府は廃藩置県や四民平等などの諸改革を行ったことなどを関連付けたり総合したりして，この頃の政治の仕組みや世の中の様子の変化を考え，文章などに表現する。

3　意欲的に問題解決に取り組み，この頃の近代国家に向けた国づくりが，現代の社会や生活につながっているという自覚をもてるようにする。

2　指導のアイデア

❶「見方・考え方」の働かせ方

・黒船の来航の絵図を見せた後，当時，欧米諸国が次々とアジアへ進出している様子が分かる地図を見せる。位置や空間に着目した見方・考え方を働かせて，当時の欧米諸国のアジア進出の一環として黒船が来たことや日本も欧米の勢力下に置かれる可能性があったことに気付かせる。

❷「主体的・対話的で深い学び」を実現させるために

・導入では，江戸時代末1860年頃と明治初め1880年頃の日本橋の絵図を比較し，等尺年表を用いて，200年以上変わらなかった社会の様子が，わずか

20年の間に劇的に変化したことに気付かせ，誰がどのようなことをしたのかという問題意識を高める。そして様々な改革を行ったことや欧米の文化を取り入れ近代化を図ったことを調べていくようにする。

3　知識の構造図

4　指導計画（7時間扱い）

	主な学習活動・内容	資料	指導上の留意点
学習問題をつかむ(1)	❶江戸時代末と明治初めの日本橋の絵を比べて気付いたことや疑問に思うことを話し合い，学習計画を立てる。 ・わずか20年で，それまで変化のなかったまちの様子や服装が西洋風に変化したこと。 ・刀を差した武士がいないこと。 ・誰がどんなことをして，社会の様子を大きく変えたのか。	◇1860年頃と1880年頃の日本橋の様子の絵 ◇等尺年表（1年＝1㎝） ◇明治の三傑と勝海舟の肖像画	・江戸時代末の日本橋の絵との等尺年表を示し，江戸時代の間ほとんど社会の様子が変わらなかったのが，明治初めの日本橋の絵を見せて20年で劇的に変化したことを示し，誰がどのようなことを行ったのか関心を高める。

> 学習問題　江戸時代末から明治にかけて，だれが，どのように国の仕組みや社会を変えていったのだろう。

	〈調べること〉 ・江戸から明治への世の中の変化 ・新しい政治の仕組みと国づくり ・新しい文化と人々のくらし	◇幕末から明治初めのできごとの絵図と年表	・幕末から明治にかけて誰がどのような国づくりを行ったのか調べる計画を立てる。
調べる(5)	❷黒船来航は，当時わが国にどのような影響を与えたのか資料から調べる。【本時】 ・西洋諸国のアジア進出の一環として黒船が日本に来航。 ・開国により物価上昇や攘夷運動の激化など幕府への不満が高まったこと。	◇黒船来航 ◇西洋諸国のアジア進出 ◇不平等条約の内容 ◇打ちこわし	・黒船来航など当時の欧米諸国のアジア進出と国内の大きな変化を関連付けて考えるようにする。
	❸江戸幕府が倒れてから明治新政府ができるまでの世の中の変化について資料から調べる。	◇明治政府ができるまでの年表	・倒幕から明治政府ができるまでの世の中の様子について，年

	・大政奉還により幕府が倒れ，明治新政府ができたこと。 ・戊辰戦争で新政府が勝利し，明治維新が始まったこと。 ・明治天皇による五箇条の御誓文で政治の方針を示したこと。	◇大政奉還 ◇江戸無血開城の様子 ◇五箇条の御誓文	表や絵図，図書資料などをもとに一人一人が調べ，「江戸幕府が倒れ明治政府ができるまで」という流れ図に整理する。
	❹四民平等や廃藩置県について資料から調べ，明治政府がどのような改革を行ったのか話し合う。 ・身分制度や藩でバラバラだった国を一つにまとめ，政府の命令が国のすみずみまで行き渡るようにしたこと。	◇四民平等とそれに関わる諸改革 ◇版籍奉還 ◇廃藩置県	・江戸幕府の頃の様子と明治政府の行った改革を対比させ，違いを考える。
	❺地租改正，徴兵令，殖産興業について調べ，明治政府がどのような国づくりを進めたのか話し合う。 ・大久保利通ら明治政府は，欧米の制度や文化を取り入れ，国を豊かにし，強い軍隊をつくる政策を進めた。	◇富岡製糸場の絵 ◇主な官営工場と鉱山 ◇地租改正 ◇徴兵令	・それぞれの政策が，どんな国を目指したのか説明の文を入れて，「富国強兵」とつなげた関連図を作成するようにする。
	❻明治時代の文明開化とはどのようなものだったのか資料から調べる。 ・福沢諭吉の学問のすゝめが多くの人に読まれ人々の考え方に影響を与えた。 ・大都市を中心に欧米の文化を取り入れたものやことが流行した。	◇開智学校 ◇学問のすゝめ ◇欧米の影響を受けて始まったもの	・文明開化に関わって，初めて欧米の文化に触れた当時の人々の失敗のエピソードも紹介する。
まとめる(1)	❼学習問題について調べたことを関連図にまとめ，考えたことを話し合う。 ・明治政府の改革に関わる三人の人物の働きや，改革と富国強兵の関係	◇それまでに調べたノートや作品	・様々な改革と富国強兵や近代国家に向けた国づくりが矢印でつながるように助言する。

6年 明治維新

2章 社会科「重点単元」授業モデル 151

5 本時の学習指導案（2／7時間）

📖❶ ねらい

ペリーの黒船来航について調べ，欧米諸国のアジア進出の一環としてわが国に開国を求めてきたことや，黒船来航によって結ばれた不平等条約などにより，当時のわが国が大きな影響を受けたことを理解することができる。

📖❷ 展開

主な発問・指示／予想される反応	資料	指導上の留意点
①ペリー来航の絵図などの資料を見て気が付いたことや疑問に思うことを発表しましょう。 ・大きな黒い船がやってきて，よろいを着た武士たちが慌てて対応している。 ・武器は日本よりペリーの黒船の方が強そうだ。 ・当時の人々は，黒船を大変恐れていた。 ・ペリーは何をしに日本に来たのだろう。 ・日本は，この後，どうなっていくのだろう。	◇ペリー来航（米艦渡来旧諸藩士固之図） ◇黒船の大きさと日本の千石船を比較したもの ◇当時の人が描いたペリーの顔	・船の大きさや持っていた武器などを比較し，黒船の方が強そうであることに気付かせる。 ・来航の目的や日本に与えた影響に関心をもたせる。
ペリーは，黒船に乗って何をしに日本にやってきたのか。また，この後，わが国はどうなっていったのだろうか。		
②ペリーが黒船で来航してきた目的について調べ，分かったことを発表しましょう。 ・この当時，イギリスやフランス，オランダやロシア，アメリカ合衆国などがアジアに進出し，領土をとられた国もあった。 ・ペリーも開国を求めて，軍艦でやってきた。 ③ペリーの要求に対する幕府の対応は，どうだったのでしょうか。	◇当時の欧米諸国のアジア進出の地図 ◇ペリーが持ってきたフィルモア大統領の手紙 ◇ペリーに対す	・この頃，欧米諸国が次々とアジアに進出して勢力を拡大し，ペリーの来航もその一つであることに気付かせる。 ・当時の日本の人たちが，ペリー率いる黒

・幕府は強い要求を断れず，開国を約束した。 ・日米和親条約，日米修好通商条約を結んだ。 ・日米修好通商条約は，日本に不利な条約で，他のヨーロッパ諸国とも同じ条約を結んだ。 ④欧米諸国のアジア進出の一つであるペリー率いる黒船の圧力に負けて，開国したことにより，わが国はどうなっていったのか資料から調べて，ノートにまとめましょう。 ・幕府が開国をし，外国と貿易することに反対する藩や武士たちが運動を始めた。 ・国内の品物の不足や買い占めなどにより，物価が上がり，下級の武士や町人の生活が苦しくなり，開国した幕府への不満が高まった。 ・西洋諸国の力に負けて開国し，幕府の支配する力が低下し，土台ががたがたになった。	る幕府の対応 ◇開国により結ばれた2つの条約の内容と開港した港の地図 ◇尊皇攘夷運動の高まり ◇開国による物価の上昇 ◇打ちこわしの図と年ごとの打ちこわしの発生件数	船の力に逆らえない幕府の対応を見てどう思ったか想像させる。 ・事実と事実を関連させて整理させ，ペリーの来航によって，鎖国をやめて開国したことにより，様々な面で国内が混乱し，幕府の支配力が低下したことを捉えられるようにする。

6年 明治維新

❸ 板書計画

〔今日のめあて〕
ペリーは，黒船に乗って何をしに日本にやってきたのか。また，この後，わが国はどうなっていったのか。

欧米諸国のアジア進出の地図

・このころアジアへ西洋の国々の力が伸びていた
・ペリーも幕府に鎖国をやめて，開国をするように求めてきた

ペリー来航の絵図

当時の人が描いたペリーの顔

アメリカの力に逆らうことができず，開国し，日米和親条約，日米修好通商条約（不平等な条約）を結ぶ

・黒船の方が，日本の船より大きく強そう
・武器は，ペリー（アメリカ）の方が強い
・人々はペリーを恐れている

・開国に反対する運動が高まる
・輸出や買い占めでものが不足し，物価が上がって人々の生活が苦しくなり幕府に不満が高まる
◎幕府の支配する力が弱くなる

（月岡　正明）

6年 小単元 21 歴史を学んで

「歴史を学ぶ意味」を考えさせる指導

1　目標

1　歴史学習全体を振り返り，わが国の長い歴史について，それぞれの時代において先人たちが伝統や文化を育んできたことや様々な課題を乗り越えて発展してきたことを理解するとともに，地図帳や年表などの各種の資料を活用して調べ，まとめる技能を身に付ける。

2　今日の自分たちの生活と過去の出来事との関わりを考えたり，過去の出来事とともに現在及び将来の日本の発展を考えたりするなど歴史を学ぶ意義について考え，表現する。

3　歴史学習で学んだことをもとに，意欲的に問題解決に取り組み，わが国のこれからのよりよい社会の発展のために貢献しようとする態度を養うようにする。

2　指導のアイデア

❶「見方・考え方」の働かせ方

・「オリンピックのオープニングセレモニーで日本の歩みやよさを紹介する」という場面を設定する上で，これまでの歴史の学習を通して，年表を活用しながら日本の歴史やそのよさを振り返る活動を取り入れる。時期や時間の経過といった見方・考え方を働かせながら，わが国の長い歴史の中で，多くの先人によって国が発展してきたことや，多くの文化遺産が生まれたことについて捉えられるようにする。

・オリンピックのオープニングセレモニーのテーマについて考える場面では，これまで学習した人物や，文化，先人の努力などを関連付けて，総合させ

ながら「日本のよさ」をまとめさせる。そのような活動の中で，現在の私たちの生活が，先人の様々な苦労や働きの上に成り立っているということを考えられるようにする。

❷ 「主体的・対話的で深い学び」を実現させるために

・オリンピックのセレモニーの場でわが国のどのような歴史を伝えるのかを考え，考えたことやその理由を討論し合う時間を設定する。討論を通して，歴史を学ぶことの意味や大切さについて気付かせていく。
・活動を通して，日本が長い歴史をもち，伝統や文化を育んできたことを再認識しながら討論を進め，さらに理解を深めていきながら，日本人として将来の自らの生き方について自覚を養っていくことが大切である。

3　指導計画（3時間扱い）

	主な学習活動・内容	資料	指導上の留意点
学習問題をつかむ(1)	❶これまでの歴史学習について振り返り，年表に整理する。 ・日本には，世界でも公演されている歌舞伎などの文化がある。 ❷近年のオリンピックセレモニーの様子について調べる。 ・開催国の歴史について紹介するようになっている。 ・国際交流を行うときに，歴史を教えることは，大切なのかもしれない。 ・日本の歴史の中で，世界に伝えられるものにはどのようなものがあるのだろう。 ❸歴史学習の大切さについて考える学習問題を設定し，学習計画を立てる。	◇歴史年表 ◇児童の学習ノート ◇リオ・ロンドン五輪の開会式動画	・年表を活用して，日本の長い歴史の中で，様々なできごとがあったことに気付かせる。 ・自国の歴史を見つめ直す大切さに着目させる。

段階	学習活動・内容	資料	指導上の留意点
	学習問題　オリンピックなどの国際交流の場で，日本のよさを伝えることを通して，歴史を学ぶ意味について考えよう。		
	・オリンピックで伝えるために，日本の自慢を考える。 ・歴史を学んだことで将来に生かすことができることを考える。		
振り返りをもとに考える(1)	❷オリンピックのセレモニーでどのような日本の歴史を伝えるか，その理由を考え，グループで話し合う。【本時】 世界中の人々に，これまでの長い日本の歴史の中から，どのようなよさを伝えればよいのだろうか。 ・条約改正では，日本の国力を向上させようと努力をした人がいたからこそ，今の日本があることを伝えたい。 ●オリンピックのセレモニーで伝える内容について討論会をする。 ・日本の文化は，世界の人々にも親しまれているので，昔から現在までの文化を伝えることで，日本のよさを分かってもらうことができる。	◇教科書 ◇資料集 ◇児童の学習ノート ◇ワークシート	・日本のよさについて，どのような部分に着目して理由を考えているのかについて根拠を明確にもたせる。 ・日本のよさは，多種多様にわたっていることに気付かせる。
まとめる(1)	❸歴史学習で学んだ先人たちの働きが今どのようにつながっているのかを話し合い，意見文にまとめる。 ・先人たちが努力したり，よりよい社会にしてくれたりしたおかげで今の平和な日本につながった。 ・自分たちは，歴史に名を残すことは難しいかもしれないが，誰かの役に立ちたい。	◇児童の学習ノート	・前時の話し合いも生かし，日本の様々な歴史上の人物の働きにより，課題が解決され，わが国が発展してきたことをもとに考えさせる。

4　本時の学習指導案（2／3時間）

📖❶ ねらい

　これまでの歴史学習をもとに，オリンピックの開会式のセレモニーで世界の人々に日本のよさについて伝える活動について考え，話し合うことができる。

📖❷ 展開

主な発問・指示／予想される反応	資料	指導上の留意点
①前の時間の振り返りをしましょう。 ・最近のオリンピックの開会式では，自分の国の歴史を伝えている。 ・学習問題をつくった。 ・日本の歴史の中で，何を伝えたいのかを考える時間だ。 ②今日のめあてを確認しましょう。	◇児童の学習ノート	◇前時の振り返りをすることで，長い歴史を歩んできたことを捉えさせる。

> 世界中の人々に，これまでの長い日本の歴史の中から，どのようなよさを伝えればよいのだろうか。

③これまでの歴史学習をもとにしながら，日本のどのようなよさを伝えるのかとその理由も考え，ワークシートにまとめてみましょう。 ・ユニークな伝統文化を伝えたい。なぜなら，日本では，時代によって文化の担い手が代わり，その時代に合わせた特色ある文化がたくさん生まれたから。 ・日本をつくってきた人々の魅力を伝えたい。なぜなら，政治の中心となって治めてきた人々は，その人々が生きてきた時代の中で最善の取り組みができるように努力したから。 ④日本のよさについて考えたことをもとに，な	◇教科書 ◇資料集 ◇ワークシート	・日本のよさについて，どのような部分に着目して理由を考えているのかについて根拠を明確にもたせる。 ・討論会をすることで，

2章　社会科「重点単元」授業モデル　157

ぜ，自分がその理由にしたのかについて討論会をしましょう。 ・日本は，長い歴史の中で，多くの国から学んで日本を発展させた。 ・学んだことも大切だけれど，日本の特色の文化に着目すると，現在もアニメなどの文化が発達しているから，外国の人々もセレモニーに興味をもつことができると思う。 ・日本には，多くのよさがあるから，1つにしぼらずにたくさん伝えることが大切だと思う。 ⑤討論会を通して考えたことを振り返りましょう。 ・これまでの歴史の積み重ねがあったからこそ，今の生活を平和に送ることができている。歴史に名を残すのは難しいけれど，誰かの役には立ちたい。		多種多様な考えがあることに気付かせる。 ・話し合ったことを総合して，自分の考えを再構成させる。

❸ 板書計画

〔今日のめあて〕
世界中の人々に，これまでの長い日本の歴史の中から，どのようなよさを伝えればよいのだろうか。

〔前時の振り返り〕
・日本の歌舞伎や能，狂言
・条約改正では粘り強く努力した人々がいた
・外国の文化を取り入れて発展させようとした
・戦後，短期間で国力が上がった

〔討論会を通して〕
・日本には，ユニークな文化がある
・日本は，勤勉で中国や欧米諸国から技術や政治について学び，日本を発展させてきた
・日本では，先人が努力して様々な危機を乗り越えてきた
・日本の国民の団結力が素晴らしかった

〔まとめ〕
日本をこれまでつくってきた人々は，大勢いることが分かった。また，日本のよさは，伝統や文化なども入れると，多種多様である。

5 児童の作品（例）

第2時でまとめた児童の考え

オリンピックの開会式セレモニーで伝えたい日本のよさ

〈テーマ〉 日本を支えてきた人々の決意
〈取り上げたい人々〉
　徳川家康・陸奥宗光・小村寿太郎・東郷平八郎・伊藤博文
〈理由〉
　日本の長い歴史を変えた人々にスポットを当てて，日本のよさを伝えたい。なぜなら，この5人がいなければ日本の平和な今は存在しなかったのではないかと考えたからだ。家康が江戸のまちづくりをして発展させたこと，条約改正に取り組んで日本の国力を回復させた2人の外務大臣，大国に勝つことができたちみつな作戦を考えて日本の国力を上げることに貢献した東郷，外国まで行って学び，日本の国際的地位の回復に努めた伊藤博文，5人の根気強さをオリンピックのセレモニーで紹介したい。日本人の根気強さは，世界に自慢することができるものだと私は思う。世界の人々は，自分の主張をはっきりと言うけれど，私たちはなかなかできない。しかし，この5人は，日本の発展に向けて自分の考えを明確にひたすら努力を続けてきたことが素晴らしい。その決断力を世界にアピールしたい。

第3時でまとめた児童の考え

今の自分たちのくらしと歴史学習のつながり（意見文）

　歴史学習の最後の時間，今の自分たちのつながりと言えば，まずは私たちが今，平和に生きているということだと思う。日本という国を守ってきてくれた人々がいたからこそ，今がある。縄文時代から戦後の日本まで学習をし，活躍した人物がたくさんいたり，多くの伝統や文化が発展した。そして，今も昔の文化を楽しんでいる。私は，歴史の中で学習した人物のように，世の中に名前を残すことはおそらくできないと思う。しかし，歴史を学習して，少しでも，これから世の中の役には立ちたいと思った。これまで以上に歴史を勉強すること，茶道や華道などの文化に親しみ，それを行うことも，歴史とのつながりだと思う。私は，一人では何かをできないかもしれないけれど，だれかと協力して，日本の伝統や文化に触れる機会をもつことは絶対にできると考えている。

（田内　利美）

22 わが国とつながりのある国のくらし

「国際交流」を取り上げた指導

1 目標

1 グローバル化する世界と日本の役割について,わが国と経済や文化などの面でつながりの深い国の人々の生活は多様であることや,スポーツや文化などを通して他国と交流し,異なる文化や習慣を尊重し合うことが大切であることを理解するとともに,地図帳や各種の資料で調べたことをまとめる技能を身に付ける。
2 外国の人々の生活の様子などに着目して,日本の文化や習慣との違いを捉え,国際交流の果たす役割を考え,表現する。
3 わが国と経済や文化などの面でつながりの深い国の様子から学習問題を見出し,意欲的に追究し,学んだことを社会生活に生かそうとする態度を養う。

2 指導のアイデア

❶「見方・考え方」の働かせ方

・日本と諸外国との比較を通じて,外国の人々と共に生きていくためには,異なる文化や習慣を尊重し合うことが大切であることを理解できるようにする。比較する際には,社会的な事実や事象を比べるだけでなく,視点ごとに分類したり,つなげたりまとめたりすることで,各国の特色について一層深い理解ができるようにしたい。ここでは,外国との"つながり"を意識しながら学習することができるようにする。

📖❷ 「主体的・対話的で深い学び」を実現させるために

・まとめる場面においては，小グループの発表体系を設定し，自分でまとめたリーフレットをもとに少人数の聞き手を相手にして発表し合い，主体的に外国の様子を学び合う。主体的な対話活動の中で，日本と外国の類似点・相違点について見つけ，友だちと協力しながら学び合う活動の充実を図り，思考力が深まる深い学びへとつなげる。

3 知識の構造図

中心概念
世界には，日本とつながりの深い国々があり，それぞれに特色ある文化や習慣があり，それらを互いに尊重し合うことが大切である。❻

具体的知識

- 文化や食料品・資源など，わたしたちの身のまわりには外国から入ってきているものがたくさんあり，日本とつながりが深い国々がある。❶❷

- 広大な国土をもつアメリカ合衆国は，経済や政治の面で世界に影響を与えている。また，世界各地から移住してきた人々がいる多文化社会である日本とは野球やアメフトなどのスポーツなどで交流がある。❸❹❺

- 韓国は，食・伝統的な服装・文字・宗教などの文化に特色がある。韓国の経済成長と南北統一問題は，世界への影響も大きい。サッカーワールドカップ日韓共催，ドラマやアイドルなど，スポーツや文化で日本とつながりがある。❸❹❺

- 中国は急速な産業の発展により世界中から注目されており，人々の生活様式も大きく変化してきている。日本には漢字や茶，春節など中国から伝わってきたものが多い。日中友好のシンボル「パンダ」や卓球など，日本とは文化やスポーツを通した交流も深い。❸❹❺

- サウジアラビアの人々の生活は気候とイスラム教の教えを強く受けている。日本とはスポーツ（サッカー）を通した交流がある。サウジアラビアの輸出のほとんどが石油に関連しているという特色があり，石油産業は日本との関わりも深い。❸❹❺

用語・語句

- つながり
- 文化・スポーツ
- 国際社会

- 人種・民族
- 日系人・移民
- 大規模経営農場
- グローバル化
- 多文化社会
- リトルトーキョー

- 日韓共催
- ＩＴ化
- 南北統一
- 造船
- 宗教・儒教
- 電子産業
- ソウル

- 観光
- 漢字
- 春節
- 経済特区
- 一人っ子政策
- 日中友好
- 万里の長城

- イスラム教
- ラマダン
- アラビア語
- 砂漠・遊牧
- 石油産業
- 乾燥帯
- サッカーワールドカップ

6年 わが国とつながりのある国のくらし

4　指導計画（6時間扱い）

	主な学習活動・内容	資料	指導上の留意点
学習問題をつかむ(2)	❶身近にあるもので，外国から入ってきたものや文化を探して出し合おう。 ・給食にも出るビビンバやトックは韓国の食べ物。 ・アメリカやオーストラリアから肉を輸入している。 ・サウジアラビアから多くの原油を輸入している。 ・日本の多くの企業が中国に進出している。 　身のまわりには，外国から入ってきたものや文化がたくさんあり，日本は外国と深い関わりがある。 ❷4つの国（アメリカ合衆国・中華人民共和国・大韓民国・サウジアラビア）の中から調べる国を決め，人々の生活の様子について調べる計画を立てる。 〈共通で調べる項目〉 (1)　国の様子（人口・言語・気候・地形など） (2)　文化（衣・食・住），スポーツ，伝統行事 (3)　学校の様子や子どもの生活 (4)　盛んな産業（日本との関わり） 〈各自の関心で調べる項目〉 (5)　観光地・世界遺産・社会問題など 　学習問題　日本とつながりの深い国にはどのような文化や習慣があり，人々は，どのような生活をしているのだろう。	◇外国から入ってきたものの写真 ・韓国の食べ物 ・輸入肉 ・スポーツ ・タンカー ・中国の工場 ◇世界地図 ◇世界地図 ◇国旗 ◇5つの項目が書かれたフラッシュカード	・これまでの学習経験を思い出させたり，身近にあるものを想起させたりすることで，自分たちの生活が外国と関わりがあることに気付かせる。 ・児童の興味・関心を尊重しつつ，できるだけクラスの人数が4等分されるように4か国の中から選択させる。 ・共通して調べる項目を決めておくことで，第6次の交流活動が効果的になる。
	❸○○の国の様子について調べる。 (1)　国の様子 ・国旗・国旗の意味・首都・面積・人口 ・言語・気候・地形・土地の使われ方　など (2)　文化（衣・食・住），スポーツ，伝統行事 ・服装・伝統的な衣装・主食・食事のマナー ・挨拶　・スポーツ　・伝統行事 ❹○○の国の生活について調べる。 (3)　学校の様子や子どもの生活	◇書籍 ・教科書 ・百科事典 ・社会科資料集 ◇世界各国の情報に関するウェブページ ・キッズ外務省「世界の学校を見てみよう！」	・ハツ切りサイズの画用紙を三つ折りにし，表裏で6面のページ割をした"リーフレット"にまとめる。 ・6面の紙面は，表紙1面と，(1)(2)(3)(4)の共通項目で4面，(5)の各自調べること1面の計6面に割り振る。

調べる (3)	・義務教育期間・学習教科・授業料・宿題 ・小学生の一日の生活・学校行事　など (4) 盛んな産業（日本との関わり） ・生活に関わる産業・発展する産業 ・日本からの輸入，日本への輸出 ・産業の発展と人々の生活の変化	・「探検しよう！みんなの地球」 ・「経済産業省キッズページ」 ほか	・(5)では「日本とのつながり」についてまとめるようにする。 ・1つの紙面スペースに限りがあるため，調べたことを簡潔にまとめ，大切なことを厳選して書くようにする。 ・項目ごとに各場所を指定することで，児童同士でリーフレットを比較しやすいようにする。
	❺○○の国の観光地・世界遺産・社会問題など，"日本とのつながり"について調べる。 (5) 観光地・世界遺産・社会問題，わが国との交流の様子など調べたことと"日本とのつながり" （例）中華人民共和国 ・世界遺産「万里の長城」「故宮博物院」「大同」 ・観光地「天安門」「天津」「青島」 ・大気汚染（PM2.5）が深刻な北京市の状況 ・日本企業の多くが中国に進出している。 ・税金や貿易に関して優遇を受けている「経済特区」には，日本以外の外国の企業も多く進出している。		
まとめる (1)	❻学習問題について調べてきたことについて発表し，話し合う。【本時】 ○共通して調べてきた項目について発表する。 ・服装や食べ物にはそれぞれの国に特色がある。 ・伝統的な服装は日常的に着ているわけではない。 ・学校の様子も国によって違いがある。 ○日本と似ているところ・違うところについて話し合い，それぞれの国で異なる特色があることに気付く。 ○スポーツや文化などを通して他国と交流し，異なる文化や習慣を尊重し合うことの大切さに気付く。		・ポスターセッション方式で発表する。 ・事前にA・B・C・Dの4つのグループに分け，同時に7～8名くらいの児童が発表するようにする。 ・1つのグループにはすべての国の発表者が入るようにする。 ・1人の発表者に対して聞き手は2～3名とする。

> **まとめ** 世界には，日本とつながりの深い国々があり，それぞれの国には特色ある文化や習慣がある。

5 本時の学習指導案（6／6時間）

📖❶ ねらい
　学習問題について調べてきたことを発表し合い，日本とつながりの深い国には特色があることがわかり，異なる国の文化や習慣を尊重し合うことが大切であることを考えることができる。

📖❷ 展開

主な発問・指示／予想される反応	資料	指導上の留意点
①学習問題について調べてきたことについて発表し，話し合おう。 　発表者(1)（調べた国：アメリカ合衆国） ・大リーグで活躍する日本人が多い。 ・日本との交流の様子 　発表者(2)（調べた国：中華人民共和国） ・お茶，漢字など中国から伝わったものが多い。 ・日本との交流の様子 　発表者(3)（調べた国：大韓民国） ・キムチ，ビビンバなど，日本でもよく食べている食べ物がたくさんある。 ・日本との交流の様子 　発表者(4)（調べた国：サウジアラビア） ・日本が最も多く石油を輸入している。 ・日本との交流の様子 ②日本と似ているところと違うところについて表にまとめ，それぞれの国の特色について理解する。 ・アメリカの学校生活は日本と違う点が多い。 ・韓国は，生活・学校・産業などで日本と似ているところが多くある。 ・中国の文化は日本と似ている点もあるが，学校生活や産業で日本と違う点も多い。 ・サウジアラビアでは，宗教（イスラム教）が生活に大きな影響を与えている。 ・それぞれの国には伝統的な服装があるが，日常的に着ているわけではない。	◇各自が作成した"リーフレット" ◇世界地図 ◇それぞれの国の特色が分かる写真 〈アメリカ〉 ・スクールバス ・大リーグで活躍する日本人 ・ハンバーガー店 〈韓国〉 ・サッカー2002年ワールドカップ日韓大会共催 ・ソウルのまち ・授業の様子 ・伝統的な衣装 〈中国〉 ・北京のまち ・学校の様子 ・春節 ・古い建物の残るまちの様子 ・日中友好パンダ 〈サウジアラビア〉	・同じ国を調べた児童で，同時に7～8名くらいの児童が発表するようにする。 ・1人の発表者に対して聞き手は2～3名とする。 ・1つの国の発表を5分程度とする。 ・日本とのつながりを意識した発表になるようにする。 ・写真資料は，第3～5時に使用したもの（壁面掲示）も活用する。 ・それぞれの国の写真は，日本と似ている点，異なる点が明確で，国の特色が児童によく分かるものを選んでおく。

- それぞれの国と日本はスポーツや文化などを通して交流している。
- ③日本とつながりの深い国には特色があることが分かり，文化や習慣を比較することから，異なる国の文化を尊重する。
- アメリカの影響を受けていることも多い。
- 韓国は日本との共通点が多い。
- 中国の文化は似ている点がある。
- サウジアラビアでは，日本の文化や日本の製品が人気である。
- ④国際交流の果たす役割を考え，異なる文化や習慣を尊重し合うことの大切さについて話し合う。

- サッカーが人気
- 砂漠
- 男女別の学校
- 聖地メッカ
- 製油所
- スポーツ交流

- それぞれの国には日本と異なる特色があるが，日本とつながりがあることに気付かせることで，異なる文化や習慣を理解することの大切さを捉えやすくする。

世界には，日本とつながりの深い国々があり，それぞれの国には特色ある文化や習慣があり，互いに尊重し合うことが大切である。

❸ 板書計画

「わが国とつながりのある国のくらし」

学習問題について調べてきたことを発表し，日本とつながりの深い国々の特色について考えよう。

世界地図

日本とつながりの深い国々の特色　〇似ている点　●異なる点

	アメリカ	韓国	中国	サウジアラビア
国の様子	●広大	●38度線で分断	●50以上の民族	●日本の6倍
文化・スポーツ	●自由	〇こどもの日	〇服装	●暑い
学校の様子	●給食なし	〇運動会・遠足	●飛び級	●男女別の学校
産業	〇多くの技術が誕生	〇電子産業 〇造船業が盛ん	●急速に発展 ●経済特区	●輸出の90％が石油に関連
日本との交流	大リーグで日本人活躍	サッカーワールドカップ日韓大会共催	日中友好のシンボル「パンダ」	サッカーワールドカップ時，日本に滞在

〔考えたこと〕
（日本と比較する中での気づき）
- アメリカの影響を受けていることも多い
- 韓国は日本との共通点が多い
- 中国の文化は似ている点がある
- サウジアラビアでは，日本の文化や日本の製品が人気である

〔まとめ〕

世界には，日本とつながりの深い国々があり，それぞれの国には特色ある文化や習慣がある。互いに尊重し合うことが大切だ。

（徳留　祐悟）

【執筆者一覧】（執筆順，所属及び職名は平成30年3月時点）

北　　俊夫	国士舘大学教授
才宮　大明	山口大学教育学部附属光小学校教諭
嶋田　英樹	東京都大田区立大森第五小学校長
吉岡　泰志	東京都世田谷区立経堂小学校主任教諭
矢島　弘一	埼玉大学教育学部附属小学校教諭
北川　智之	埼玉県川口市立鳩ヶ谷小学校主幹教諭
井上　竜一	宮城県仙台市立東二番丁小学校教諭
佐藤　智彦	東京都世田谷区立経堂小学校主任教諭
土橋　和彦	鳥取県鳥取市立湖山小学校教諭
平田孝一郎	東京都目黒区立東山小学校主任教諭
檜垣　延久	愛媛大学教育学部附属小学校教諭
品川　　崇	愛媛大学教育学部附属小学校教諭
梅澤　真一	筑波大学附属小学校教諭
小澤　靖子	東京都多摩市立貝取小学校主任教諭
小倉　勝登	東京学芸大学附属小金井小学校教諭
吉村　　潔	東京都世田谷区立烏山北小学校長
樋口のぞみ	東京都北区立王子小学校主任教諭
坂本　正彦	東京都世田谷区立烏山小学校長
月岡　正明	東京都世田谷区立等々力小学校長
田内　利美	東京都世田谷区立北沢小学校主幹教諭
德留　祐悟	京都府京都市立深草小学校教頭

【編著者紹介】

北　　俊夫（きた・としお）

福井県に生まれる。
東京都公立小学校教員，東京都教育委員会指導主事，文部省（現文部科学省）初等中等教育局教科調査官，岐阜大学教授を経て，国士舘大学教授。

〔主著〕
『「思考力・判断力・表現力」を鍛える新社会科の指導と評価』『"知識の構造図"を生かす問題解決的な授業づくり』『社会科学力をつくる"知識の構造図"』『社会科の思考を鍛える新テスト―自作のヒント―』（明治図書出版），『社会科　学習問題づくりのマネジメント』『なぜ子どもに社会科を学ばせるのか』『こんなときどうする！学級担任の危機対応マニュアル』『言語活動は授業をどう変えるか』『若い先生に伝えたい！授業づくりのヒント60』（文溪堂），『食育の授業づくり』（健学社）ほか多数。

〔編著〕
『小学校社会科「新内容・新教材」指導アイデア』（明治図書出版）

〔共著〕
『新・社会科授業研究の進め方ハンドブック』（明治図書出版）
など。

社会科授業サポートBOOKS
小学校社会科「重点単元」授業モデル

2018年6月初版第1刷刊　Ⓒ編著者　北　　俊　夫
発行者　藤　原　光　政
発行所　明治図書出版株式会社
　　　　http://www.meijitosho.co.jp
　　　　（企画）及川　誠（校正）西浦実夏
〒114-0023　東京都北区滝野川7-46-1
振替00160-5-151318　電話03(5907)6704
　　　　　　　　　ご注文窓口　電話03(5907)6668
＊検印省略　　　　組版所　中　央　美　版

本書の無断コピーは，著作権・出版権にふれます。ご注意ください。

Printed in Japan　　ISBN978-4-18-232915-9
もれなくクーポンがもらえる！読者アンケートはこちらから

改訂のキーマンが，新CSの授業への落とし込み方を徹底解説！

小学校 新学習指導要領
社会の授業づくり

澤井陽介 著

208頁／1,900円+税／図書番号【1126】／四六判

資質・能力，主体的・対話的で深い学び，社会的な見方・考え方，問題解決的な学習…など，様々な新しいキーワードが提示された新学習指導要領。
それらをどのように授業で具現化すればよいのかを徹底解説。校内研修，研究授業から先行実施まで，あらゆる場面で活用できる1冊！

主体的・対話的で深い学びを実現する！
板書&展開例でよくわかる 社会科 授業づくりの教科書
3・4年／5年／6年

朝倉 一民 著

1年間365日の社会科授業づくりを完全サポート！

1年間の社会科授業づくりを板書&展開例で完全サポート。①板書の実物写真②授業のねらいと評価③「かかわる・つながる・創り出す」アクティブ・ラーニング的学習展開④ICT活用のポイントで各単元における社会科授業の全体像をまとめた授業づくりの教科書です。

3・4年	B5判	136頁	本体2,200円+税	図書番号2285
5年	B5判	176頁	本体2,800円+税	図書番号2293
6年	B5判	184頁	本体2,800円+税	図書番号2296

社会科授業サポートBOOKS
小学校社会科「新内容・新教材」指導アイデア

北 俊夫 編著

社会科「新教材・新内容」の授業づくりを完全サポート！

平成29年版学習指導要領「社会」で示された「新内容・新教材」の指導アイデア集。①「見方・考え方」の働かせ方②「主体的・対話的で深い学び」を実現する手立て③「カリキュラム・マネジメント」のヒント④指導展開例の構成で，教材研究&授業づくりを完全サポート。

A5判 168頁
本体2,000円+税
図書番号2148

明治図書 携帯・スマートフォンからは **明治図書ONLINEへ** 書籍の検索，注文ができます。▶▶▶

https://www.meijitosho.co.jp ＊併記4桁の図書番号（英数字）でHP，携帯での検索・注文が簡単に行えます。

〒114-0023 東京都北区滝野川7-46-1 ご注文窓口 TEL 03-5907-6668 FAX 050-3156-2790